W0087678

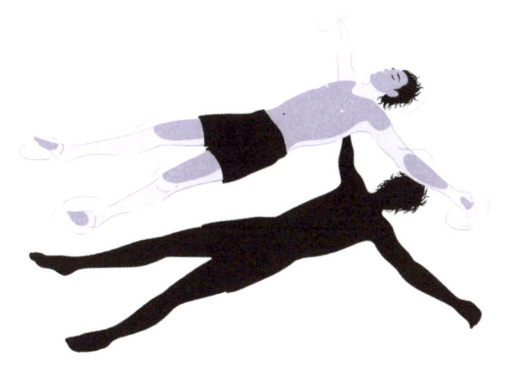

Endlich ausgeglichen

Für DKB – er weiß, warum

Endlich ausgeglichen

ATMEN. LOSLASSEN. LEBEN.

—————— VON ——————

Harriet Griffey

BOOKS

AUS DEM ENGLISCHEN VON TARA CHRISTOPEIT

Inhalt

Das moderne Leben

Wann haben Sie das letzte Mal einfach nur vor sich hingeträumt und waren damit rundumzufrieden? Wann hatten Sie das letzte Mal das Gefühl, wirklich nichts tun zu müssen – Ihr Verstand sah sich nicht angespannt nach etwas um, das Sie als Nächstes erledigen müssen, vielleicht ein Anruf bei Ihrer Mutter, die noch nicht bezahlte KfZ-Steuer, eine volle Waschmaschine? Vielleicht sagen Sie, dass das Leben heutzutage eben so ist, auch wenn Sie es vielleicht anders besser fänden und die Grenzlinie zwischen Arbeit und Entspannung immer mehr verwischt; es ist kaum möglich, sich davon nicht überfordert zu fühlen. Tatsächlich hilft es ungemein, einen Moment innezuhalten, um sich entspannter zu fühlen, die Dinge besser im Griff zu haben und eine stärkere Verbindung zum Leben zu fühlen. Und wenn Sie sich fragen, wie das überhaupt gehen soll, entspannter zu sein, nehmen Sie sich einen Moment Zeit und folgen Sie Kate Winslets berühmter Empfehlung, sich einfach zu sammeln: Sammeln Sie Ihre Gedanken, Ihre Emotionen, Ihr Selbst.

Probieren Sie's mit Achtsamkeit

Achtsamkeit ist die Kunst, das Leben bewusst zu führen. Sie ist ein Instrument, das uns hilft, uns daran zu erinnern, dass wir innehalten und respektvoll mit unserem Bedürfnis nach einem ruhigeren Leben umgehen und eben nicht permanent reflexhaft auf Ereignisse reagieren. Achtsamkeit ist kein esoterischer Hokuspokus, sondern ein Geschick, das man sich aneignen kann und dessen positive Effekte sogar messbar sind. Mithilfe von Achtsamkeitstechniken können wir lernen, einen Moment innezuhalten, bevor wir reagieren, statt spontan und mitunter kontraproduktiv loszuschießen. Einfach in sich zu gehen, zu beobachten, wie es einem geht, mehrmals täglich – eine kleine Pause einlegen, um uns ganz und gar in die Gegenwart zu bringen und nicht über die Vergangenheit nachzugrübeln oder sich Sorgen um die Zukunft zu machen –, ist eine Fähigkeit, die man lernen kann. Indem wir innehalten und unsere selbstkritischen Gedanken entschleunigen, können wir deren negative Auswirkung vermindern und sabotierende Verhaltensweisen vermeiden, die das Leben belasten können.

> **Achtsamkeit ist ein großartiges Mittel, um uns selbst besser anzunehmen. Sie hilft uns, Mitgefühl für andere zu empfinden.** *Lisa Firestone, Psychologin*

Körper und Geist – entspannt

Körper und Geist sind so eng miteinander verbunden, dass wir einen Ort der Ruhe in unserem Geist schaffen können, wenn wir unseren Körper erden und beruhigen. Körperliche Präsenz ist der Anker, der uns mit dem Moment verbindet. Der Körper gibt uns die Möglichkeit, uns um uns selbst zu kümmern und auf uns zu hören, während wir auf die zahlreichen Forderungen, die das Leben an uns stellt, reagieren.

> **Ein Torhüter muss Ruhe ausstrahlen. Er muss aber aufpassen, dass er dabei nicht einschläft.** *Sepp Maier, Fußballer*

Eine sitzende Katze ist das Sinnbild der Ruhe.

JULES RENARD

Dieses Buch möchte Ihnen helfen, die Verbindung zwischen Körper und Geist zu verstehen und dieses Verständnis in eine leicht anwendbare Achtsamkeitspraxis zu überführen, mit der Sie Entspannung in Ihr Leben lassen können. Es ist nicht schwer, es wird Ihnen aber dennoch etwas Übung abverlangen, da einige alte, festgefahrene Gewohnheiten infrage gestellt werden. Kleine, schrittweise Veränderungen in Ihrem Handeln und in der Art und Weise, wie Sie etwas tun, bewirken große Veränderungen, die Ihr Leben neu ordnen können.

Kleine Schritte, große Veränderungen

Sich ganz und gar auf den Moment zu konzentrieren, ohne sich von Gedanken ablenken zu lassen, braucht zwar Übung, kommt uns jedoch zugute. Alles, was wir tun, wird dadurch befriedigender, weniger aufreibend und leichter. Ausgeglichenheit verbessert unsere Beziehungen, nicht nur mit uns selbst, sondern auch mit anderen. Es ist nicht so sehr eine Art, etwas zu tun, sondern eine Form des Seins. Im Hier und Jetzt zu leben.

Solange wir nicht mit der richtigen Einstellung beginnen, finden wir nie die richtige Lösung.

CHINESISCHES SPRICHWORT

Das Leben im Hamsterrad & die Sorgenschleife

Keep calm, carry on!

Dieser bekannte Spruch stammt von einem Poster aus dem Zweiten Weltkrieg, das im Jahr 2000 in einem Antiquariat wiederauftauchte. Ursprünglich war es 1939 vom britischen Ministerium für Propaganda gedruckt worden als eins von drei Postern, die unmittelbar vor der Invasion der Deutschen verbreitet werden sollten. Auf den anderen beiden stand »Freiheit in Gefahr« und »Dein Mut, deine Freude, deine Standfestigkeit führen uns zum Sieg«. Doch der Slogan »Keep calm, carry on« scheint noch heute den Zeitgeist zu treffen und ist in den letzten Jahren auf unzähligen Postern, Tassen, Geschirrtüchern und T-Shirts wiederzufinden.

Wenn du nicht die Richtung wechselst, könntest du dort ankommen, wo du hinsteuerst.

LAOZI

Ein Zeichen der Zeit?

Sich einen Moment Zeit zu nehmen, um ein Gefühl der Ruhe aufkommen zu lassen, ist heute so wichtig wie in dunklen Zeiten des Krieges – und auf gewisse Weise sogar noch mehr. Heute sind wir permanent von medialen Ereignissen umgeben, von Fernsehnachrichten bis Twitter, sodass es genau so schwierig ist, den Sorgen des 21. Jahrhunderts zu entkommen wie damals den Kriegsdrohungen. Eine aktuelle Studie der Universität von Kalifornien schätzt, dass wir täglich mit 34 Gigabyte Information bombardiert werden, doppelt so viel wie vor dreißig Jahren. Büroarbeiter werden im Durchschnitt alle drei Minunten unterbrochen. Das Gefühl der Ruhe ist permanent bedroht.

Das Leben im Hamsterrad ...

Es lohnt sich, einen Moment innezuhalten, um zu verstehen, was in Körper und Gehirn passiert, wenn man in Hamsterrad und Sorgenschleife festhängt. Natürlich erleben wir heute einen anderen Druck als vor über siebzig Jahren; unsere Unruhe liegt nicht mehr in der Angst vor einer feindlichen Übernahme begründet, sondern sie wurzelt in einem viel subtileren und schwerer greifbaren Ursprung, doch die zugrunde liegenden, beunruhigenden Ängste haben eine ähnliche Wirkung.

Wenn wir uns mit subjektiv als bedrohlich empfundenen Umständen konfrontiert sehen, schließt das Gehirn bewusste Gedanken kurz und geht in hohe Alarmbereitschaft und direkt zum »Flucht oder Angriff«-Reflex über. Wenn Sie aus dem Augenwinkel etwas sehen, das sich schnell bewegt, regieren Sie automatisch. Wenn Sie etwas Heißes anfassen, geschieht das Gleiche. Diese Reaktion entsteht in der Amygdala, einer mandelförmigen Drüse, die tief im Mittelhirn sitzt und zum limbischen System gehört. Dieser Reflex ist großartig, wenn man vor einem Säbelzahntiger steht, aber weniger hilfreich, wenn man bemerkt, dass die Steuererklärung überfällig ist oder das Auto zu lange im Parkverbot stand. Die Stresshormone Adrenalin und Cortisol werden im Körper ausgeschüttet und auch der Darm wird von diesen Hormonen, die durch den Alarm der Amygdala erzeugt werden,

beeinflusst. Denn wenn Sie um Ihr Leben rennen, haben Sie keine Zeit zum Essen. Abgesehen davon brauchen Sie, um schnell fliehen zu können, Ihr ganzes Blut in den Beinen und nicht im Magen. Ihr Herz muss schlagen; Ihr Atem wird immer schneller, um den zusätzlichen Sauerstoff, den Sie in Ihren Lungen brauchen, aufzunehmen. All das ist eher unnötig, wenn Sie am Schreibtisch sitzen und die Stresshormone durch Ihren Körper jagen.

Kennen Sie das Gefühl?

Es fühlt sich schon normal an

Wenn wir lange Zeit so unter Druck stehen, wird unser innerer Stressthermostat neu justiert, und es braucht immer weniger, um uns in höchste Alarmbereitschaft zu versetzen. Und weil wir außerdem sagenhaft anpassungsfähig sind, stellen wir uns auf diesen permanent erhöhten Stresshormonpegel ein. Irgendwann fühlt es sich dann beinahe »normal« an, in einem dauernden Stresszustand zu leben. Tatsächlich können wir beinahe süchtig nach diesem vertrauten Gefühl werden – wir werden buchstäblich zu Stressjunkies.

Es gibt Wichtigeres im Leben, als beständig seine Geschwindigkeit zu erhöhen.

MAHATMA GANDHI

Und während wir so funktionieren, wird es wegen genau dieser Stresshormone, die unsere Beine stark machen und uns auf der Flucht vor Gefahr wachhalten sollen, schwer zu schlafen und wir entspannen nicht ausreichend, um glücklich und problemlos ins Land der Träume zu segeln. Schlafmangel ist an sich schon anstrengend genug.

Daraus folgt: noch mehr Stress

Stellen Sie sich nun vor, Sie würden tagelang, wochenlang oder vielleicht sogar monatelang so funktionieren – das Ergebnis steht außer Frage. Würde man ein Hochgeschwindigkeitsfahrzeug unablässig mit voller Beschleunigung fahren, käme einem vielleicht der Begriff »Burn-out« in den Sinn. Langzeitstress ist einfach nicht tragbar, er schadet der körperlichen und geistigen Gesundheit.

Was kann man tun?

Welche Schritte können Sie unternehmen, damit die Entspannung Einzug in Ihr Leben hält? Wenn Sie schon eine ganze Weile im Stressmodus funktionieren, wird es anfangs schwer sein, abzuschalten. Ihr Körper hat sich bereits an das Gefühl gewöhnt, also müssen Sie ganz bewusst Zeit für sich einplanen, um Ruhe aufkommen zu lassen.

Körper & Geist: Geist & Körper

Es ist leicht gesagt, dass Körper und Geist verbunden sind, doch ein echtes Verständnis der Beziehung zwischen den beiden kann uns wirklich dabei helfen, herauszufinden, wie wir ruhiger werden können.

Beginnen wir ganz oben

Das Gehirn ist die Schaltzentrale jeglicher Aktivität und seine oberste Priorität ist, Sie am Leben zu halten: atmen, der Schlag Ihres Herzens und Ihrer Körperfunktionen – all das passiert automatisch.

Da Ihr Herzschlag und Ihre Atmung lebenswichtig sind, haben sie Priorität. Wenn alles gut läuft, kann Ihr Gehirn sich auf das konzentrieren, was Sie fühlen – sind Sie glücklich, traurig, gestresst oder ruhig –, und auf alles, was um Sie herum geschieht, reagieren.

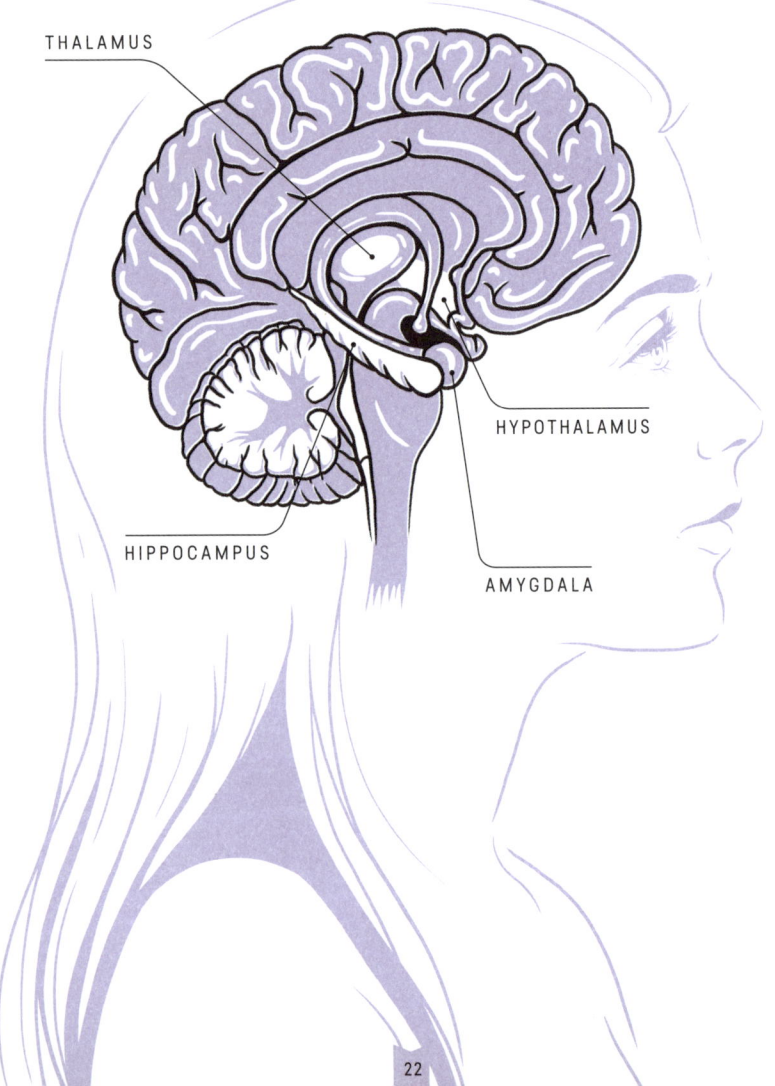

THALAMUS

HYPOTHALAMUS

HIPPOCAMPUS

AMYGDALA

Gehirnaktivität

Dieses Zusammenspiel passiert im limbischen System des Gehirns, dem Zuhause der »Vier Musketiere«: Thalamus, Hypothalamus, Hippocampus und Amygdala.

THALAMUS	HYPOTHALAMUS	HIPPOCAMPUS	AMYGDALA
Der Zugang, durch den alle Sinnesinformation – was Sie sehen, hören, schmecken und berühren – vom physischen Körper (mit Ausnahme der Nase) verarbeitet wird.	Verbunden mit beinahe allen anderen Gehirnarealen, kontrolliert viele entscheidende Hirnfunktionen wie auch die Regulierung des Hormonhaushalts.	Verantwortlich für die Rückschau und Aufbewahrung von Erinnerungen, verbindet Emotionen und Sinne mit dem Gedächtnis.	Der älteste Teil des Gehirns ermöglicht uns, rationale Gedankenprozesse in der Großhirnrinde in Reaktion auf akute oder empfundene Gefahr kurzzuschließen.

Eine Bemerkung zum Geruchssinn

In Ihrer Nase gibt es einen kleinen Bereich mit spezialisierten Zellen, die direkt mit dem emotionalen Zentrum des Gehirns verbunden sind. Gerüche eignen sich besonders, Erinnerungen wachzurufen. Sie können ganz gezielt Düfte einsetzen – vielleicht zu Hause in einem Zerstäuber oder als Aromaöl im Badesalz –, um sich zu entspannen: Der Duft von Lavendel befördert Sie vielleicht zurück in den Garten Ihrer Großmutter und vermittelt Ihnen ein Gefühl der Geborgenheit.

Verbunden

Wir sehen, wie nah unser körperliches mit dem geistigen Empfinden verbunden ist und umgekehrt. Wenn wir beispielsweise aufgeregt sind, sagen wir, dass wir »Schmetterlinge im Bauch« haben – womit wir ziemlich treffend beschreiben, dass unser emotionales Empfinden sich körperlich durch die Ausschüttung von Stresshormonen, die unser Verdauungssystem beeinflussen, bemerkbar macht. Immer wieder bringen wir unsere

psychischen Prozesse und Empfindungen mit unserem körperlichen Zustand in Verbindung. Obwohl wir diese Bereiche mit unserem Verstand rational voneinander abgrenzen können, macht unser physischer Körper keinen großen Unterschied zwischen körperlichem oder seelischem Schmerz: Er reagiert auf beides. Wir wissen inzwischen, dass das alte Sprichwort »Stock und Stein brechen mein Gebein, doch Worte bringen keine Pein« nicht wirklich stimmt. Verletzte Gefühle können sich durch körperlichen Schmerz ausdrücken. Die gute Nachricht ist jedoch, dass dieses enge Zusammenspiel zwischen dem, was wir denken, und dem, was wir fühlen, uns ermöglicht, mit dem Geist über das Körperliche hinauszugehen – und diese Verbindung positiv zu nutzen.

Zum Beispiel

> Bewegung stimuliert die Produktion von stimmungshebenden Endorphinen und so reicht manchmal schon ein Spaziergang, um für gute Laune und Entspannung zu sorgen.
> Bewusst langsamer und gleichmäßiger zu atmen, vermittelt dem Körper das Signal, dass man sich körperlich entspannt fühlt.
> Wenn Sie lächeln, kommt Ihr Gehirn anhand der Anordnung Ihrer Gesichtsmuskeln zu dem Schluss, dass Sie glücklich sind, was Sie tatsächlich optimistischer machen kann.
> Das Bild einer ländlichen Umgebung anzuschauen – Bäume, Hügel, ein See, der Himmel –, hilft beim Stressabbau.
> Musik, die mit unseren – entspannten, ruhigen – Alphawellen im Gehirn resoniert, ist ein fantastisches Hilfsmittel, um diesen Zustand in uns hervorzurufen.

Die Tugenden dagegen erwerben wir, indem wir sie zuerst ausüben, wie es auch für die sonstigen Fertigkeiten gilt. Denn was wir durch Lernen zu tun fähig werden sollen, das lernen wir eben, indem wir es tun. Ebenso werden wir gerecht, indem wir gerecht handeln, besonnen durch besonnenes und tapfer durch tapferes Handeln. *Aristoteles*

Biofeedback

Biofeedback ist eine Technik für Körper und Geist, die uns dabei unterstützt zu lernen, wie wir den Teil unseres Nervensystems beeinflussen, der unsere Körperfunktionen wie Blutdruck, Herzfrequenz, Muskelspannung und Hirnwellenfrequenz kontrolliert. Ein Arzt, Psychologe oder anderer Kliniker kann einen Monitor – der zum Beispiel einen langsameren Herzschlag oder niedrigeren Blutdruck anzeigt –

anschließen, damit Sie bei bestimmten Atem- oder Entspannungstechniken den Beweis als Aufzeichnung verfolgen können und sehen, dass diese Techniken Ihren Körper positiv beeinflussen. Diese klinischen Beweise ermutigen und bestärken Sie in Ihrem Handeln: Sie haben mit eigenen Augen gesehen, dass es klappt, und können in der Gewissheit, dass sie funktionieren, dieselben Übungen jederzeit wiederholen.

Umgang mit Emotionen & Launen

Emotionen sind das, was wir fühlen – Wut, Glück, Trauer. Sie können jedoch auch durch unsere Laune beeinflusst werden. Launen sind meistens ein eher allgemeines Gefühl – gut oder schlecht – und können länger dauern. Manchmal ist es schwer, ihren wirklichen Gründen auf die Spur zu kommen. Übertrieben optimistische Menschen stellen manchmal fest, dass das Leben nicht wirklich ihre Erwartungen erfüllt, was natürlich enttäuschend sein kann, wobei Pessimisten positiv überrascht sein können, wenn sich etwas zum Guten wendet.

Wenn das Problem gelöst werden kann, warum sich sorgen? Wenn das Problem nicht gelöst werden kann, helfen einem Sorgen auch nicht weiter. *Shantideva*

Was können Sie also tun, um entspannt zu sein?

Überlegen Sie sich zuerst, was Sie fühlen. Manchmal kann es Unzufriedenheit sein oder ein Gefühl der Unruhe und nicht unbedingt eine ganz konkrete Laune. Unterstützend können Sie eine »Mood Map« nehmen, um herauszufinden, wie es Ihnen geht. »Es ist ein praktisches Mittel, um herauszufinden, was Ihre Laune verursacht hat und was Sie unternehmen müssen, damit sie nicht Ihr ganzes Leben bestimmt«, erklärt Liz Miller in ihrem Buch *Mood Mapping*. Sobald Sie ungefähr wissen, wo Ihre Laune angesiedelt ist, können Sie aktiv handeln, um sie zu verbessern. Wenn Sie sich energiegeladen fühlen, aber negativ drauf sind, kann es sein, dass Sie gestresst und unruhig sind – das Gegenteil von ausgeglichen. Diese Gefühle können Sie über Bewegung ausagieren und gleichzeitig verbessert sich Ihre Laune durch die dabei ausgeschütteten Endorphine. Wenn Sie sich auf der Messlatte von positiver Energie zu weit oben befinden, besteht die Gefahr, dass Sie übers Ziel hinausschießen und ausbrennen. Also wäre das ein guter Zeitpunkt, um einige Momente der Ruhe einzulegen. Vergessen Sie nicht, dass Ihr körperlicher Zustand auch Ihre Laune beeinflussen kann. Niedriger Blutzucker lässt manche Menschen sehr grummelig werden, genau wie Durst oder Müdigkeit. Wir kennen das von kleinen Kindern, vergessen aber gern, dass wir als Erwachsene ähnlich beeinträchtigt werden können.

Ich werde ganz ruhig sein. Ich bin die Meisterin meiner selbst. *Elinor in Jane Austen, Sinn und Sinnlichkeit*

Die Launen der anderen

Es ist so leicht, sich von den Launen anderer beeinflussen zu lassen und in ihre Gefühlswelt hereingezogen zu werden. Der Trick liegt darin, zu vermeiden, alles persönlich zu nehmen. Sie brauchen keine Verantwortung für die Launen der anderen übernehmen, darauf reagieren oder versuchen, sie zu verbessern. Erkennen Sie einfach, wie Sie sich fühlen. Ob Sie auf etwas reagieren oder nicht, ist Ihre Entscheidung, es liegt in Ihrer Hand.

Moodmap

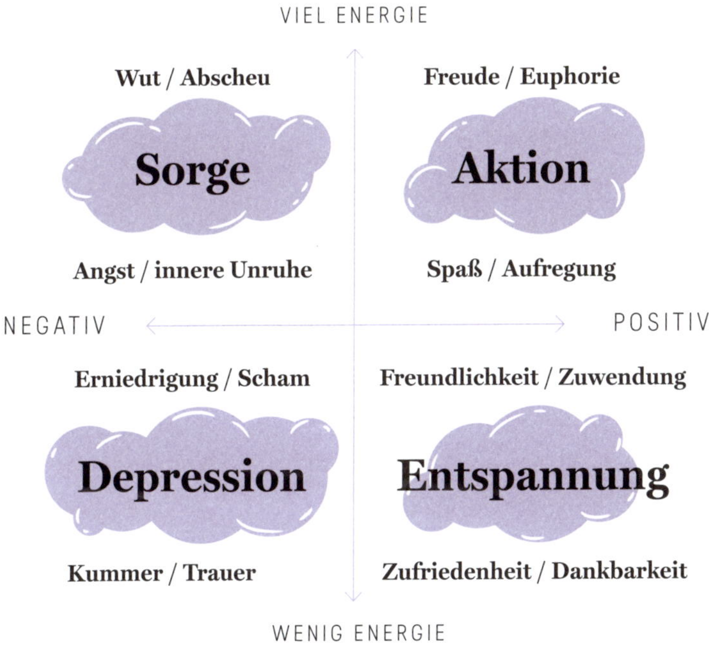

VIEL ENERGIE

Wut / Abscheu

Sorge

Angst / innere Unruhe

Freude / Euphorie

Aktion

Spaß / Aufregung

NEGATIV ← → POSITIV

Erniedrigung / Scham

Depression

Kummer / Trauer

Freundlichkeit / Zuwendung

Entspannung

Zufriedenheit / Dankbarkeit

WENIG ENERGIE

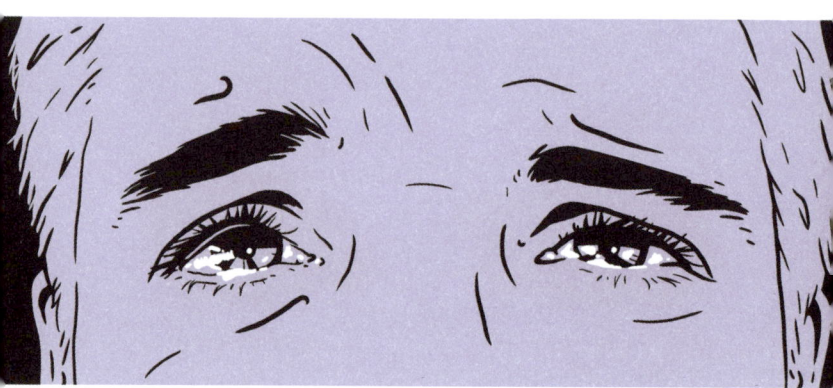

Mitgefühl, Toleranz, Vergebung und Selbstdisziplin sind Eigenschaften, die uns helfen, im Alltag ausgeglichen zu leben. *Dalai Lama*

Obwohl wir Launen als »gut« oder »schlecht« beschreiben, sind sie im Grunde bloß ein Ausdruck unserer Gefühle und davon, wie wir sie selbst in diesem Moment interpretieren. Es kann sein, dass andere eine ruhige, in sich gekehrte Stimmung als schlechte Laune interpretieren, je nachdem, wie sie unser Verhalten interpretieren. Unsere Launen zu bewältigen und unser Leben ins Gleichgewicht zu bringen, indem wir regelmäßig Entspannungspausen einlegen, tut nicht nur uns selbst gut, sondern unterstützt uns bei der Arbeit und in Beziehungen.

Optimismus scheint durch Stress hervorgerufene Entzündungen und die Ausschüttung von Stresshormonen wie Cortisol zu verringern. Er kann auch die Empfänglichkeit für Krankheiten verringern, da er die Aktivität des sympathischen Nervensystems herunterschraubt und das parasympathische Nervensystem stimuliert. Letzteres reguliert, was als »Ruhen-und-Verdauen«-Reaktion bezeichnet wird – das Gegenteil von Flucht oder Kampf.

JO MARCHANT, *HEILUNG VON INNEN*

Atmen

Obwohl wir automatisch atmen, können wir unsere Atmung auch bewusst steuern, denn das ist eine der einfachsten Methoden, um den Fokus auf uns zu richten und unsere Emotionen ins Gleichgewicht zu bringen. Die meisten von uns atmen flach und einfach nur aus Gewohnheit. Wir atmen in der Regel zu häufig und nur mit dem oberen Teil unserer Lungen, allerdings würde es uns guttun, tief durchzuatmen und dabei die ganze Lunge mit Luft zu füllen. Die flache Art zu atmen ist enorm ermüdend, nicht nur weil wir unnötig muskuläre Energie aufwenden, um ein- und auszuatmen, sondern auch weil wir pro Atemzug nur wenig Sauerstoff aufnehmen. In der extremen Form wird aus schneller und flacher Atmung Hyperventilation, die wiederum Panikattacken einleiten kann. Flaches Atmen ist ebenfalls Teil unseres Fluchtreflexes und verursacht die Ausschüttung von Stresshormonen. Und auf die gleiche Art und Weise, wie diese flache Atmung uns eigentlich unnötig stresst, löst eine ruhigere Atmung die Anspannung, da die absichtliche Regulierung unserer Atmung dem Gehirn das Signal überbringt, dass nun alles in Ordnung ist, dass der Notfall überstanden ist und es aufhören kann, all das unnötige Adrenalin und Cortisol, das uns überstimuliert und uns antreibt, herauszupumpen. Beim Atmen geht es nicht nur darum, Sauerstoff aufzunehmen, sondern auch Kohlendioxid aus dem Körper auszuscheiden. Flache Atmung verändert das Gleichgewicht aus Sauerstoff und Kohlendioxid im Blut, sie erhöht den Säurespiegel im Blut, was unsere Muskeln müde macht.

Gefühle kommen und gehen wie Wolken

Muskeln kompensieren Müdigkeit auch dadurch, dass sie sich anspannen, wodurch sich die allgemeine körperliche Spannung erhöht. Wir fühlen uns angestrengt und gestresst – dabei wollen wir doch das genaue Gegenteil. Schlechte Atemmuster können zur Gewohnheit werden und sich irgendwann so normal anfühlen wie das dadurch entstehende Gefühl der Anspannung. Daraus folgt ein Teufelskreis, der uns sowohl körperlich als auch emotional schwächt. Die gute Nachricht ist, dass eine simple Veränderung – die Art und Weise, wie Sie atmen – eine riesige Veränderung in Ihrem Empfinden bewirken kann: Und das kann man lernen.

Wenn du die Herausforderungen deines Lebens meistern willst, leb im Moment, leb in der Atmung.
Amit Ray

am Himmel ... bewusstes Atmen ist mein Anker.

THÍCH NHẤT HẠNH

Atmen …

> Entspannen Sie bewusst Ihren Nacken und lassen Ihre Schultern sinken, lassen Sie die Arme entspannt an den Seiten liegen, die Handflächen zeigen nach oben, Hände sind entspannt.

> Atmen Sie lang und sanft durch die Nase, bis Sie sehen, wie Ihr Bauch sich hebt und senkt, und zählen Sie dabei bis fünf.

> Warten Sie einen Moment, halten Sie den Atem an, zählen dabei erneut bis fünf und atmen dann durch den Mund aus, wieder langsam bis fünf zählend.

> Versuchen Sie, Ihren Kopf von allen Gedanken zu befreien, oder schließen Sie Ihre Augen und stellen sich einen Kieselstein vor, der in einem Teich langsam versinkt.

> Wiederholen Sie diesen Atemkreislauf zehnmal und beobachten Sie, wie sich Ihre Atmung verändert.

> Diese Atemtechnik können Sie immer dann anwenden, wenn Sie sich angespannt fühlen, oder als Grundlage für jede Art der Meditationspraxis.

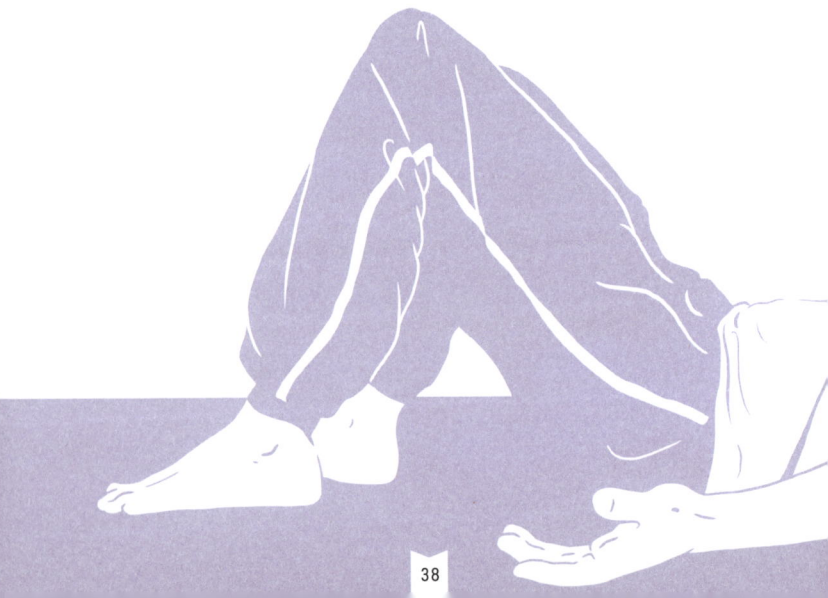

Verbessern Sie Ihre Haltung, verbessern Sie Ihre Atmung!

Vergessen Sie nicht, dass eine schlechte Haltung immer die Atmung einschränkt. Außerdem verursacht die Anspannung im Zwerchfell – die Muskelschicht, die Brust und Bauchraum voneinander trennt – Spannungen um die Aorta, die Hauptaterie, die unser Blut durch die Körpermitte trägt. Spannungen um die Aorta können eine Ursache von erhöhtem Blutdruck sein, also lässt sich der Blutdruck mit dem Erlernen richtiger Atemtechniken verringern.

Der Atem ist die Brücke, die das Leben mit dem Bewusstsein und deinen Körper mit deinen Gedanken verbindet. Wenn du merkst, dass dein Geist sich zerstreut, fang ihn mit deiner Atmung wieder ein.
Thích Nhất Hạnh

Es gibt viele körperliche Aktivitäten, die uns helfen, unsere Atmung zu verbessern, sodass wir uns entspannen: singen, schwimmen, Tai-Chi, Yoga, spazieren gehen, ein Blasinstrument spielen (Flöte, Posaune etc.). Doch wenn Sie Ihre Atmung verbessern, werden Sie sofort merken, dass auch Ihre Gesundheit und Ihr Wohlempfinden, Ihre mentale Verfassung und die Entspanntheit, mit der Sie dem Leben begegnen, sich verbessern.

Meditation

Wer denken kann, kann auch meditieren.
Maharishi Mahesh Yogi

Sogar die Beatles haben es getan – es ist allgemein bekannt, dass
Meditation eine Wohltat für Geist, Körper und Seele ist. 1992 lud der
Dalai Lama den in Harvard ausgebildeten Neurowissenschaftler Richard
Davidson von der Universität in Wisconsion-Madison nach Dharmsala
ein, um die positiven Auswirkungen der Meditation in Augenschein
zu nehmen. Zu dieser Zeit gab es noch keine klinischen Beweise dafür,
dass eine so einfache Handlung wie Meditation die Funktionsweise des
Gehirns verändern kann. Doch heute weiß man, dass Meditation einen
aktiven Einfluss auf die Gehirnwellen nimmt und Alphawellen einleitet,
die erheblich zur Beruhigung des Nervensystems beitragen. Alphawellen

stimulieren das Parasympathische Nervensystem (PNS), das Blutdruck, Herzfrequenz und Stresshormonpegel im Körper minimiert und den Geist beruhigt (siehe Seite 69).

Meditation scheint effektiv einen Einfluss darauf zu haben, wie wir auf Ereignisse außerhalb von uns reagieren. Es reichen schon kurze Kurse in Achtsamkeitsmeditation, um die Produktion des Stresshormons Cortisol zu verringern und weniger stressbedingte Entzündungsreaktionen zu entwickeln. Eine Studie brachte das niedrigere Stresslevel der Meditierenden mit Veränderungen in der Amygdala – einem Hirnareal, das mit Furcht und der Reaktion auf Stress zu tun hat – in Verbindung.

JO MARCHANT,

HEILUNG VON INNEN: DIE NEUE MEDIZIN DER SELBSTHEILUNGSKRÄFTE

Meditationstipps

› Suchen Sie sich einen ruhigen Ort, an dem Sie ungestört sein können.
› Fangen Sie mit der Atemübung (siehe Seite 38) an.
› Gewöhnen Sie sich eine tägliche Routine an – zweimal am Tag für mindestens zehn Minuten.
› Setzen Sie sich bequem und aufrecht hin.
› Suchen Sie nach einem äußeren Fokus – manche Menschen konzentrieren sich gern auf eine Kerzenflamme, eine Blume oder ein abstraktes Symbol – oder einen Punkt vor Ihrem geistigen Auge.
› Meditieren Sie mithilfe eines Mantras – das kann ein einfaches Wort oder ein Satz sein, den Sie wiederholen und der Ihnen hilft, sich auf einen einzelnen Punkt zu konzentrieren.
› Ein sehr beliebtes tibetisches Mantra ist »Om Mani Padme Hum«, das übersetzt einfach nur »Om, Lotusjuwel« bedeutet, doch es hat einen schönen Nachhall – auch das stimuliert den Nervus vagus (siehe Seite 70), der Ihnen dabei hilft, einen entspannten Zustand zu erreichen.
› Sie können das Mantra laut aufgesagen, wenn Sie allein sind, oder zusammen mit anderen einfach schweigend wiederholen.
› Verbinden Sie das Mantra mit Ihrem konzentrierten Atem. Das unterstützt Sie darin, einen meditativen Zustand zu erreichen.

Vielleicht brauchen Sie ein wenig Übung, geben Sie also nicht gleich auf, wenn Sie das Meditieren nicht sofort überzeugt. Wenn Sie Ihre Meditationspraxis über einen längeren Zeitraum pflegen, wird sie immer wirksamer und verlässlicher als Mittel zur Entspannung. Irgendwann können Sie sich an einem stressigen Tag einfach darauf verlassen. Da Ihr Körper die Erinnerung an die Übung speichert, wird es zunehmend leichter, darauf zurückzugreifen.

Meditation ist wie ein kleiner Tropfen Parfüm, der den Tag mit Anmut überzieht. *R. D. Laing*

Visualisierung

Visualisierung ist eine nützliche Methode, um in die Entspannung einzutauchen. Schließen Sie Ihre Augen und üben Sie die Technik mit der Atemtechnik von Seite 38.

› Stellen Sie sich einen ruhigen Teich vor.
› Sehen Sie ihn vor Ihrem geistigen Auge, das kühle Blau des Wassers, die grüne Umgebung.
› Atmen Sie.
› Vielleicht gibt es einen plätschernden Bach, der in den Teich mündet.
› Ein leises Geräusch von fließendem Wasser.
› Fühlen Sie die warme Sonne und eine sanfte Brise in Ihrem Haar.
› Atmen Sie.
› Stellen Sie sich vor, Sie lassen einen Kieselstein in diesen Teich fallen.
› Der Stein macht ein leises Geräusch, wenn er ins Wasser fällt.
› Beobachten Sie, wie der Kreis sich langsam nach außen ausdehnt.
› Atmen Sie.
› Und noch einmal.

Das ist nur ein Beispiel der Visualisierung, Sie können sich auch eine eigene ausdenken.

Notfallmaßnahmen

Wie sehr wir auch versuchen, ausgeglichen zu sein, es wird immer Momente geben, in denen Müdigkeit, Angst oder Erwartung in uns Gefühle von Stress auslösen.

Hat Ihre Mutter Ihnen früher den Rat gegeben, erst einmal bis zehn zu zählen, bevor Sie auf etwas reagieren?

Vielleicht steht Ihnen ein Vorstellungsgespräch, eine Prüfung oder ein schwieriges Gespräch mit jemandem bevor: Momente, in denen wir ganz entspannt unser Bestes geben wollen. Jetzt ist es wirklich hilfreich zu wissen, wie wir uns entspannen können, um das zu erreichen, was wir wollen.

Machen Sie ein Päuschen

› Beobachten Sie erst einmal, was Sie körperlich fühlen – die Atmung geht schnell, das Herz pocht, der Mund ist trocken –, und erinnern Sie sich daran, dass das nur eine körperliche Reaktion ist, dass sie nicht ewig dauern wird und Sie sie in den Griff bekommen können.

› Überprüfen Sie, ob Ihr flauer Magen nicht von Hunger kommt: Gönnen Sie sich einen kleinen Snack, um Ihren Magen zu beruhigen.
› Gegen den trockenen Mund helfen Wasser und Lippenbalsam.
› Suchen Sie sich einen ruhigen Ort, setzen sich bequem auf einen Stuhl und stellen die Füße flach auf den Boden und atmen (siehe Seite 38).
› Schließen Sie Ihre Augen oder schauen Sie nach unten, konzentrieren Sie sich dabei auf einen einzigen Fleck, um Ihre Aufmerksamkeit zu fokussieren.
› Ziehen Sie Ihre Schultern hoch und wieder herab, spüren Sie die Spannung und lassen sie dann los.
› Atmen Sie sanft durch die Nase ein, halten Sie den Atem an, während Sie bis fünf zählen; atmen Sie sanft durch den Mund wieder aus.

Wenn es Ihnen hilft, spielen Sie etwas beruhigende Musik oder eine kurze Meditation und konzentrieren Sie sich auf Ihre Atmung.

› Geben Sie sich selbst mindestens fünf Minuten Zeit, um wieder mit sich in Kontakt zu kommen und sich zu beruhigen.
› Wenn Sie sich wieder verbunden fühlen, versuchen Sie, Ihre Atmung gleichmäßig und leicht zu halten.
› Machen Sie einen Spaziergang – die Bewegung wird Ihnen helfen, sich zu erden.

Einen Notfallplan zu haben, bedeutet, einfach nur ein kurzes Entspannungsprogramm verfolgen zu müssen, um sich selbst zu zentrieren, auszugleichen und wieder zu verbinden. Dass Ihnen diese Fähigkeit jederzeit zur Verfügung steht, gibt Ihnen die Chance, sich völlig unabhängig von möglichen Stressfaktoren zu entspannen.

Ausgeglichen – gesund

Welche Auswirkung kann es langfristig und kurzfristig auf unsere – physische und psychische – Gesundheit haben, ob wir ausgeglichen sind oder nicht?

Es macht einen riesigen Unterschied

Denken Sie einmal an die Abläufe im Sympathischen Nervensystem (SNS) (siehe Seite 69) zurück. Ständig in höchster Alarmbereitschaft zu sein, mit überanspruchtem Herzmuskel, flacher Atmung, erhöhtem Blutdruck, viel zu hohem Pegel der Stresshormone Adrenalin und Cortisol – das ist insgesamt kein guter Zustand, um im Büro zu sitzen oder auf dem täglichen Weg zur Arbeit zu sein.

Permanent so zu funktionieren, fordert unnötig viel vom Körper

› Flaches Atmen reduziert die Aufnahme von Sauerstoff, wir fühlen uns erschöpft und produzieren Stresshormone, um das zu kompensieren.

› Zu flache Atmung behindert den Abbau von Kohlendioxid und treibt so den Säuregehalt im Blut nach oben. Körperzellen funktionieren jedoch am besten in einem basischen Zustand.

› In übermäßigen Mengen ist das Stresshormon Cortisol ein Nervengift, das der Gesundheit des Gehirns schadet.

› Cortisol beeinflusst auch das System der Blutzuckerregulierung und fördert Ihren Appetit auf Kohlenhydrate (eine gute Energiequelle, wenn eine Flucht unmittelbar bevorsteht), folglich wird Fett tendenziell am Bauch gespeichert.

› Andauernde Stimulation des Stresshormons Adrenalin ermüdet die Nebennieren.

› Chronisch erhöhter Blutdruck ist ein Faktor, der zu Schlaganfällen und Herzinfarkten beiträgt.

Schlecht fürs Herz

In einem permanent angespannten Zustand zu leben, behindert auch das Immunsystem, ein Anstieg des Histaminlevels (Teil der Entzündungsreaktion des Körpers) ist die Folge. Dieses allgemeine Ungleichgewicht laugt den Körper aus – aus diesem Grund ist Stress so schädlich, ganz besonders für das Herzgewebe.

Vorsicht Stufe

Gleichzeitig versucht unser Verstand, den konstanten Strom von Informationen aus Fernsehen und Radio, Twitter oder E-Mails zu verarbeiten. Wir multitasken uns um den Verstand und dann erwarten wir, nachts friedlich schlafen zu können.

Für viele von uns herrscht im Kopf ein permanentes »Geplapper«: Dinge, die wir uns merken wollen; etwas, das jemand gesagt hat; selbstkritische und kontraproduktive Aussagen, die unaufhaltsam ihre Runden drehen. Aussagen wie »Ich bin ein hoffnungsloser Fall«, »Ich schaffe es nicht«, »Ich werde scheitern« bestätigen unser Gefühl, dass das Leben nicht zu meistern und außer Kontrolle ist. Und wenn der Verstand uns andauernd sagt, dass die Dinge schlecht laufen, reagiert unser Körper zustimmend, indem er uns zur Flucht anheizt. Das Problem ist, dass es vor dem, was der Verstand erzeugt, kein Entkommen gibt – außer wir entscheiden uns, es anzugehen. Wenn wir in die Erschöpfungsspirale geraten, werden sowohl Geist als auch Körper in Mitleidenschaft gezogen. Stress ebnet den Weg für Angst, Angst für Depression und plötzlich fühlt man sich überwältigt. Wir geraten in eine Krise, in der uns jegliches Wohlgefühl abhandengekommen ist. Wir werden krank.

Laut der Mental Health Foundation in Großbritannien gehören zu den Symptomen einer Depression:

› Müdigkeit und Energieverlust
› ein bleibendes Gefühl der Traurigkeit
› Verlust von Selbstbewusstsein und Selbstwertgefühl
› Konzentrationsschwierigkeiten
› Unvermögen, sich über Dinge zu freuen
› ein permanentes Gefühl der Anspannung
› soziale Kontakte werden vermieden
› Gefühle der Hilflosigkeit und Hoffnungslosigkeit
› Schlafprobleme – Schwierigkeiten, einzuschlafen, oder vorzeitiges Aufwachen
› sehr starke Gefühle von Schuld oder Wertlosigkeit
› Schwierigkeiten, bei der Arbeit, an der Uni oder in der Schule zu funktionieren
› Appetitlosigkeit
› Verlust des Sexualtriebs und sexuelle Probleme
› starke körperliche Schmerzen
› Gedanken an Suizid, Tod und Selbstverletzung

Die gute Nachricht ist, dass wir lernen können, unsere persönlichen Auslöser zu erkennen und Wege zu finden, wie wir Momente der Entspannung in unser Leben integrieren können. Und zwar einfach nur, weil wir entscheiden: »Ich will ausgeglichen leben.«

Sich achtsam bewegen

Wie treiben Sie Sport? Ab und zu? Übereifrig? Wettkampforientiert? Oder vielleicht sogar überhaupt nicht? Wenn Sie sich nicht regelmäßig bewegen, sollten Sie umdenken, da Sport ein wunderbarer Weg ist, um im Lauf des Tages Momente der Ruhe zu schaffen. Sport löst verkrampfte Muskeln und gibt dem Geist eine neue Ausrichtung. Letztendlich ist es jedoch entscheidender, wie Sie Sport treiben, als für welche Sportart Sie sich entscheiden. Das heißt nicht, dass Sie den Wettbewerbs- oder Teamsport, den Sie lieben, durch Yoga oder Tai-Chi ersetzen müssen, sondern dass Sie den Sport Ihrer Wahl aktiv als Unterstützung der beruhigenden Praxis nutzen können.

Intention

Yoga und andere esoterischere Sportarten beginnen oft schon bei der Intention, mit der Sie den Sport betreiben wollen. Es ist ein Bewusstseinsprozess, in dem es darum geht, mit einem klaren Ergebnis vor Augen anzufangen, zu wissen, was Sie erreichen wollen und sich auf das einzustellen, was Sie tun müssen, um Ihr Ziel zu erreichen.

Ich habe noch nie einen Ball getroffen, ohne zuerst ein ganz klares, gestochen scharfes Bild davon in meinem Kopf zu haben. Zuerst sehe ich den Ball und wo ich ihn hinschlagen will, schön und weiß, wie er hoch auf dem hellgrünen Gras liegt. Dann verändert sich die Szene und ich sehe, wie der Ball dorthinfliegt, sehe seine Flugbahn und wie er sich bei der Landung verhält. In der nächsten Szene sehe ich mich selbst, wie ich den Schlag mache, der die vorherigen Bilder in Realität verwandelt. *Jack Nicklaus, Golfchampion*

Sich auf die Intention zu konzentrieren, bringt Körper und Geist in Harmonie und verwandelt einfache Bewegungen in eine integrative Erfahrung. Mit diesem Fokus folgen Sie ruhig und ausgeglichen dem Flow.

Atmung

Ihre Atmung unterstützt die Konzentration und versorgt Sie beim Sport mit Energie, gehen Sie also auch hier bewusst mit Ihrer Atmung um. Häufig halten wir bei körperlicher Anstrengung unbewusst die Luft an und während wir abwechselnd schnaufen und nach Luft schnappen, stören wir nicht nur die Bewegungsabläufe selbst, sondern machen sie anstrengender, als sie sein müssten. Beim Sport tief und voll zu atmen, sorgt nicht nur für eine optimale Sauerstoffversorgung der Muskeln, sondern baut das säurebildende Kohlendioxid ab, das die Muskeln schwächt und verkrampft.

Auch wenn du dich sonst an keine Anweisungen hältst, lerne, korrekt zu atmen.

JOSEPH PILATES

Wir neigen beim Sport dazu, zu schnell und zu flach zu atmen. Wir sollten uns also darauf konzentrieren, ein Atemmuster zu entwickeln, das uns unterstützt. Die Zwerchfellatmung, bei der wir den großen Zwerchfellmuskel wirksamer einsetzen, um die Lungenkapazität zu vergrößern, bedeutet, dass jeder Atemzug effektiver wird. Manchmal wird sie auch »Bauchatmung« genannt, weil man den Lungenraum bis zum Bauch hinab ausdehnt. Es ist sinnvoll, sich darin im Ruhezustand zu üben (siehe Seite 38), um sie dann beim Sport perfekt zu beherrschen. Vielleicht fühlt es sich nicht gleich von Anfang an danach an, doch im Lauf der Zeit und mit Übung wird sie zu einem ganz natürlichen Vorgang. Jeder Sport, den Sie machen – vom Trainieren im Fitnessstudio, bis zu Dance Aerobic –, wird dadurch effektiver. Beim Sport achtsam zu atmen, lässt einen Rhythmus entstehen, der Sie in Ihrer Bewegung unterstützt. Bei Übungen, in denen Anstrengung mit Entspannung abwechselt, sollten Sie bei der Antstrengung ausatmen und beim Entspannen einatmen.

Zum Schluss entspannen

Zum vollständigen Prozess der sportlichen Betätigung gehört auch die Erholung, ein Prozess, in dem man sich dehnt und entspannt. Beim Dehnen gut zu atmen, hilft den Muskeln, die Milchsäure abzubauen, die sich während der körperlichen Anstrengung aufbaut und mitunter zu Krämpfen führen kann.

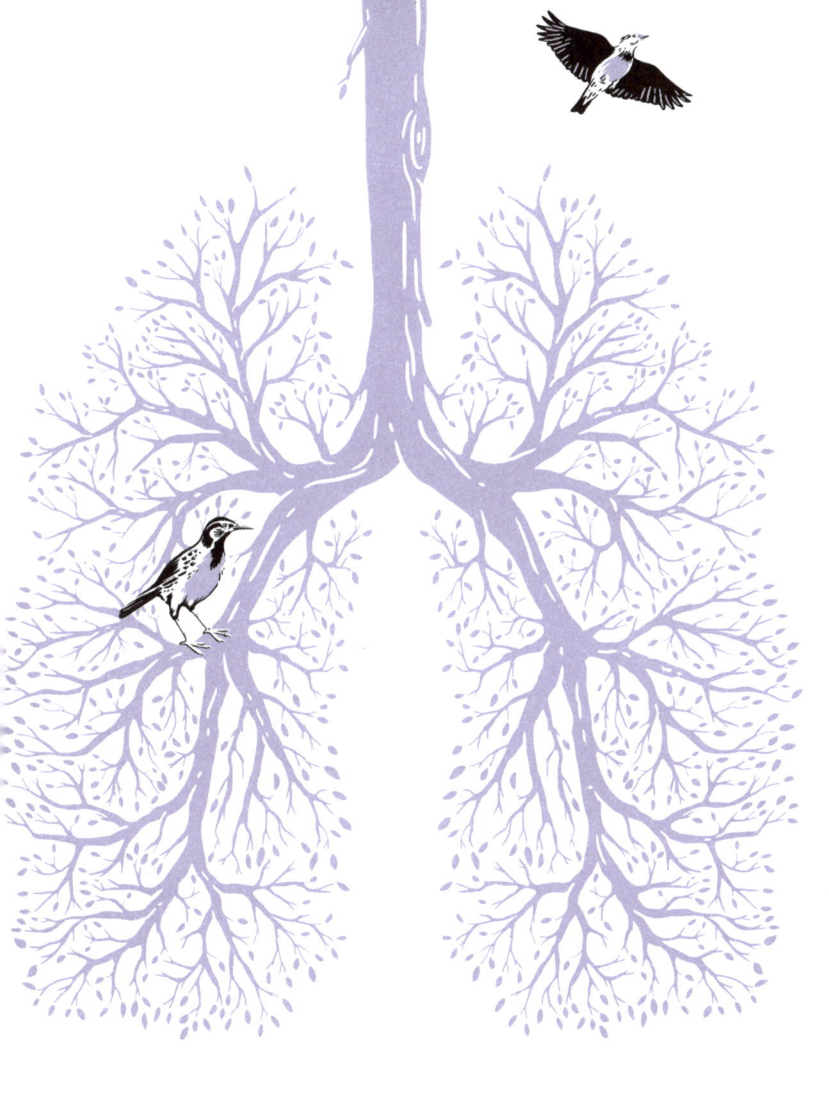

Runterkommen

Wann haben Sie das letzte Mal absichtlich etwas langsam gemacht?
Oder können Sie sich an das letzte Mal erinnern, als Sie gezwungen
waren, etwas langsam zu machen – vielleicht standen Sie im Stau, Ihr
Zug hatte Verspätung oder Sie haben hinter einer älteren Person in der
Supermarktschlange gewartet: Haben Sie es wohlwollend hingenommen
und den Raum genossen, den diese gezwungene Verzögerung an einem
andernfalls hektischen Tag geschaffen hat? Nutzen Sie die Gelegenheit,
innezuhalten, den Moment zu genießen, sich mit dem Leben zu verbinden.
Atmen Sie. Es ist eine Fähigkeit, die sich auszahlen wird, wenn es
darum geht, Momente der Entspannung zuzulassen – und eine bessere
Alternative, als sich über etwas aufzuregen, was Sie sowieso nicht ändern
können.

Einer der besten Ratschläge, die ich je bekommen habe, kam von einem Pferdemeister. Er sagte mir, ich solle langsam machen, um schnell zu sein. Meiner Meinung nach gilt das für alles im Leben. Wir leben, als ob der Tag nicht genug Stunden hätte, doch wenn wir alles ruhig und umsichtig täten, würden wir schneller und mit viel weniger Stress ans Ziel kommen.
Viggo Mortensen

Simon und Garfunkels Lied *The 59th Street Bridge Song* (auch bekannt als *Feelin' Groovy*) beschreibt auf wunderschöne Art und Weise, was es bedeutet, ruhig und sorgenfrei zu sein, einfach nur über das Kopfsteinpflaster zu schlendern und den Blumen beim Wachsen zuzusehen – ein erstrebenswerter Zustand.

Wenn du zu schnell unterwegs bist, rauscht nicht nur die Landschaft an dir vorbei - dir entgeht auch, wohin du unterwegs bist und warum. *Eddie Cantor*

Je hastiger, desto

In Rom kam es 1986 aus Protest über die Eröffnung eines Fast-Food-Restaurants zu einer Kampagne für Slow Food. Der Grundstein für die Slow-Philosophie war gelegt.

Die Slow-Philosophie versteht sich als Kulturrevolution gegen die Vorstellung, dass schneller immer auch besser ist. Es geht nicht darum, dass alles nur noch im Schneckentempo passiert. Es geht vielmehr um das Bestreben, die Dinge in der angemessenen Geschwindigkeit zu tun und die Stunden und Minuten zu genießen, anstatt sie nur zu zählen. Alles so gut wie möglich und nicht so schnell wie möglich zu tun. Es geht um Qualität vor Quantität – und zwar in allen Lebensbereichen von Arbeit über Essen bis hin zum Elternsein. *Carl Honoré*

langsamer.

ALTES ENGLISCHES
SPRICHWORT

Es lebe die Langsamkeit: Anweisung zur Entschleunigung

› Lassen Sie Platz in Ihrem Zeitplan, anstatt jeden Moment mit Aktivität füllen zu wollen. Wenn Sie den Druck mindern, drosselt sich automatisch Ihr Tempo.

› Nehmen Sie sich jeden Tag etwas Zeit, in der Sie jegliche Technologie – Telefone, Computer, Fernseher, Radio – abschalten. Nutzen Sie diese Zeit, um irgendwo still zu sitzen, allein mit Ihren Gedanken, mit einem Buch oder einfach nur mit Musik.

› Nehmen Sie sich die Zeit für mindestens eine Sache am Tag, die Sie liebend gern tun und die Sie entschleunigt, wie lesen, malen, im Garten arbeiten oder Yoga. Gewöhnen Sie sich an, nur eine Sache auf einmal zu tun.

› Essen Sie Ihr Abendessen am Tisch und nicht vor dem laufenden Fernseher. Lassen Sie Ihre Mahlzeit zu einer kleinen, täglichen Oase der Ruhe werden: Ihre Verdauung wird es Ihnen danken.

› Behalten Sie immer Ihre Geschwindigkeit im Auge. Wenn Sie einfach nur aus Gewohnheit etwas schneller machen als nötig, atmen Sie einmal tief durch, halten Sie inne und machen langsamer.

Schütze dich vor der Ödnis eines hektischen Lebens.

SOKRATES

Reduzieren Sie den Stress

Stress ist an sich kein Problem – wir brauchen sogar ein gewisses Maß an Stress, um zu funktionieren –, doch wenn wir mit der Belastung nicht mehr klarkommen und davon überfordert sind, haben wir ein Problem. Dabei ist es unerheblich, ob der Stress im Moment extrem groß ist oder schon zu lange andauert. Eine andauernde Stressreaktion im Körper erzeugt eine kontinuierliche Ausschüttung an Stresshormonen – Adrenalin und Cortisol – und dadurch bleibt die Stressreaktion hoch, ohne dass es zu einer Erleichterung kommt.

Dann wird es unmöglich, damit umzugehen.

Das autonome Nervensystem reguliert, ob Sie sich gestresst fühlen oder nicht. Dieses System besteht aus zwei Teilen – dem sympathischen Nervensystem (SNS) und dem parasympathischen Nervensystem (PNS) –, die zusammenarbeiten, damit ein körperliches Gleichgewicht besteht. Wenn Sie auf Notfälle oder Gefahr reagieren müssen, heizt das

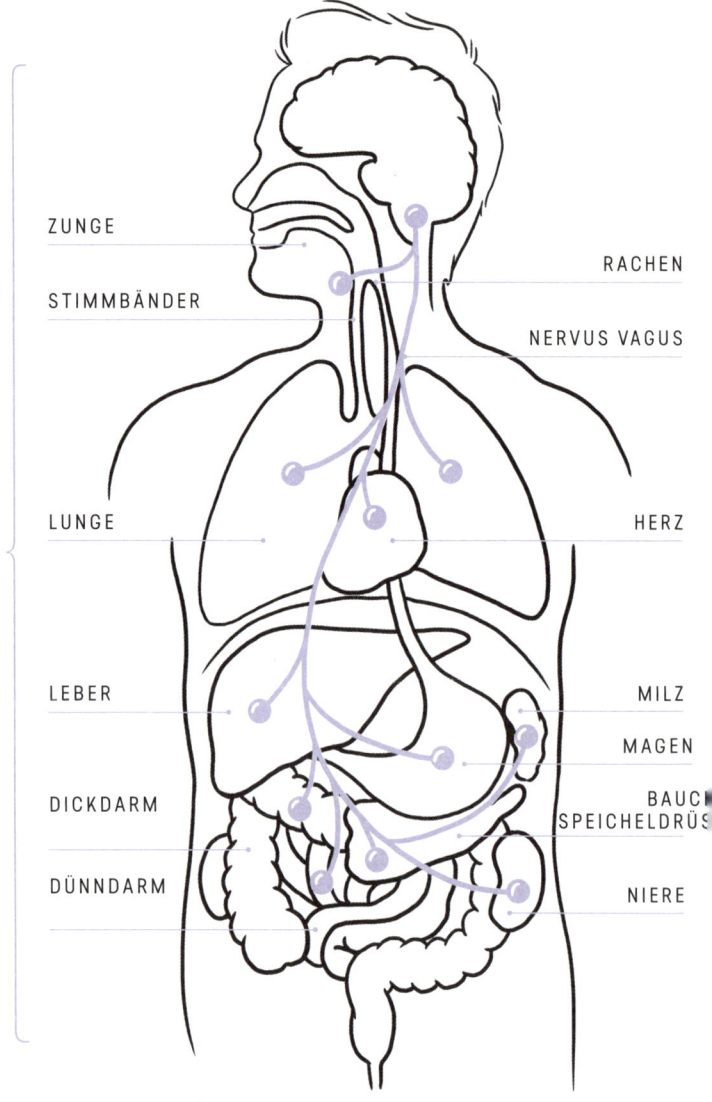

Verlauf des Nervus vagus

ZUNGE

STIMMBÄNDER

LUNGE

LEBER

DICKDARM

DÜNNDARM

RACHEN

NERVUS VAGUS

HERZ

MILZ

MAGEN

BAUCH
SPEICHELDRÜS

NIERE

sympathische Nervensystem Ihnen ein und produziert die Hormone, die Ihren Herzschlag beschleunigen, Ihren Blutdruck erhöhen, Ihre Atemzüge schneller werden lassen und in Ihren Muskeln Energie erzeugen. Der Fluchtreflex wird ausgelöst. Im Gegensatz dazu wirkt Ihr parasympathisches Nervensystem wie eine Bremse auf das SNS, verlangsamt Ihren Puls, entspannt Ihren Körper, gibt der Verdauung eine Chance, ihre Arbeit zu erledigen, und lässt insgesamt alles zur Ruhe kommen. Das PNS wird vom Nervus vagus kontrolliert, der unten am Schädel austritt und dann ganz nach unten am Hals, Herz, Zwerchfell und Bauch vorbei verläuft – und falls nötig all diese körperlichen Systeme beruhigt. Sind wir gestresst, wird unsere Atmung flach, wir verengen den Brustkorb, manchmal halten wir sogar unbewusst den Atem an. In solchen Momenten ist es gut, einige tiefe, langsame Atemzüge zu nehmen, um das parasympathische Nervensystem zu aktivieren und dem sympathischen Nervensystem entgegenzuwirken.

Wege zur Entspannung

Den Wenigsten von uns ist klar, dass wir die Wirkung des Nervus vagus beeinflussen und nutzen können, um in Stresssituationen ruhiger zu reagieren. Ein sicherer Weg dahin führt über die Atmung. Tiefe, langsame Bauchatmung weitet den Brustraum und führt zur Kontraktion des Zwerchfells, aktiviert den Nervus vagus und mobilisert das parasympathische Nervensystem. Der Körper reagiert darauf mit Entspannung. Sie müssen allerdings nicht auf einen Schreckmoment warten, um das zu erleben – es ist Bestandteil der Atemübungen, die wir im Yoga, Tai Chi oder Pilates praktizieren. So kann der Körper sich langsam und beständig entspannen, die verspannten Muskeln dürfen endlich loslassen und wir werden beweglicher. Und auch der Geist kann sich beruhigen. Wenn Ihr Körper Ihnen vermittelt, dass er sich entspannt, glaubt der Geist ihm das in der Regel. Dadurch eröffnet sich außerdem ein Weg, einen meditativen Geisteszustand zu erreichen. Ihre eigenen Stresslevel gut zu kennen und zu wissen, an welchem Punkt es einfach zu viel wird, ist ein Segen, um Strategien zu entwickeln und ein Maß an Entspannung zu finden, das Ihr Leben nicht nur leichter, sondern auch ausgeglichener und glücklicher macht.

DER
WENDE-

Besser schlafen

Je entspannter wir sind, desto besser schlafen wir. Diese Aussage versteht sich vielleicht von selbst, doch wir wissen alle, wie schwierig es ist zu schlafen, wenn wir aufgeregt, verärgert oder allgemein gestresst sind. Nichts hält uns nachts so verlässlich wach wie jede Menge Adrenalin und Cortisol, die durch unsere Adern fließen und uns nicht schlafen lassen, obwohl wir immer müder werden. Das kann im Handumdrehen zum Teufelskreis werden: Je müder wir werden, desto mehr halten uns die Stresshormone wach und umso schwieriger wird es, diesen Punkt der Ruhe zu finden, an dem wir sanft in den Schlaf gleiten können. Um fünf vor zwölf ist es schon zu spät. Was Sie den lieben langen Tag über machen, beeinflusst natürlich Ihre Schlafqualität. Ein weiterer Grund, warum es sich lohnt, Momente der Entspannung einzuplanen.

Tipps für ruhigere Nächte

› Achten Sie auf Ihren täglichen Koffeinkonsum – nicht nur Kaffee, sondern auch andere koffeinhaltige Softdrinks – und vermeiden Sie Koffein nach 15 Uhr komplett, trinken Sie lieber Kräutertees wie Kamille- und Pfefferminztee, die beruhigend auf das Verdauungssystem wirken.

› Gehen Sie spazieren – bewegte Muskeln setzen Endorphine frei; diese senken den Blutdruck, was uns beim Entspannen hilft.

› Vermeiden Sie vor dem Schlafengehen die Nutzung elektronischer Geräte – alles, was blaues Licht abgibt, schränkt die Ausschüttung des schlafverbessernden, beruhigenden Hormons Melatonin ein.

› Bereiten Sie sich mit Atemübungen (siehe Seite 38) auf geruhsame Nächte vor.

› Halten Sie Füße warm – Forschungen aus dem Schlaflabor in Basel ergaben, dass es den Schlafmechanismus des Körpers in Gang setzt, wenn man vorm Schlafengehen warme Füße hat.

Schlaf, der des Grams verworr'n Gespinst entwirrt, den Tod von jedem Lebenstag, das Bad der wunden Müh, den Balsam kranker Seelen, den zweiten Gang im Gastmahl der Natur, das nährendste Gericht beim Fest des Lebens.

SHAKESPEARE, *MACBETH*

Schlafmangel

Wir sollten außerdem berücksichtigen, dass chronischer Schlafentzug extrem anstrengend für Körper und Geist ist. Professor Richard Wiseman von der Universität in Hertfordshire in Großbritannien ist der Meinung, dass sechzig Prozent der Amerikaner und Briten unter Schlafmangel leiden – was einen deutlichen Anstieg in den letzten Jahren verzeichnet. Das bedeutet, dass es viele Menschen gibt, die müde durch die Gegend spazieren. Wenn Sie sich ein entspanntes Leben wünschen, ist es gut zu wissen, wie viel Schlaf Sie normalerweise brauchen. Jeder hat andere Schlafbedürfnisse, doch die negativen Auswirkungen von chronischem Schlafmangel sind nicht zu unterschätzen und die sprichwörtlichen acht Stunden pro Nacht sind eine gute Orientierung.

Sechzig Prozent aller Erwachsenen leiden unter Schlafmangel.

Ernährung als Entspannungshilfe

Sind Sie wirklich angespannt oder fühlen Sie sich nur wackelig auf den Beinen, weil Sie Hunger haben? Regelmäßig nahrhafte Speisen zu sich zu nehmen – geregelte Mahlzeiten! –, hält den Blutzuckerspiegel auf einem gleichmäßigen Niveau. Schnellt er in einer Tour hoch und rauscht wieder runter, wird Cortisol ausgeschüttet, ein Stresshormon, das Sie unruhig werden lässt. Es dient dazu, in den Körperzellen aufbewahrte Kohlenhydrate zur Verfügung zu stellen. Eiweiß in Kombination mit Kohlenhydraten sorgt für einen ausgeglichenen Blutzuckerspiegel und Kohlenhydrate, die etwas länger vorhalten, sind ebenfalls ein Plus. Als nahrhafter Snack eignen sich ein Apfel mit etwas hartem Käse oder ein paar Haferkekse mit Erdnussbutter.

Vitamin B Komplex

Obwohl es keine direkte Verbindung zwischen dem Konsum von Vitamin B und dem Gefühl der Entspannung gibt, hat die Forschung herausgefunden, dass Folsäure, Vitamin B6 und B12 an der Bildung der Wohlfühlkomponente Serotonin und anderen Neurotransmittern beteiligt sind. Sie sind in Vollkornmehl, braunem Reis und Haferflocken, Eiern, Schalentieren, Geflügel, grünem Blattgemüse, Brokkoli, Mandeln und Linsen reichlich vorhanden.

Magnesium

Magnesium ist ein Element, das einen entscheidenden Beitrag zur Funktion von GABA (Gamma-Aminobuttersäure) im Gehirn leistet, ein Neurotransmitter, der einen beruhigenden Effekt auf das Nervensystem und die Muskeln hat. Der Körper braucht es außerdem, um die angemessene Menge Serotonin, das für Wohlgefühl und Entspannung sorgt, zu binden. Magnesium ist darüber hinaus ein natürliches Muskelentspannungsmittel, das daran beteiligt ist, muskuläre Erschöpfungserscheinungen und den damit verbundenen Stress zu reduzieren. Experten gehen davon aus, dass viele Menschen an Magnesiummangel leiden. Dem lässt sich mit grünem Blattgemüse, Weizenkleie, Kürbiskernen und Mandeln entgegenwirken.

Essenzielle Omega-3-Fettsäuren

Eine Studie der Medizinischen Fakultät der Universität Teheran, die im März 2008 vom *Australian and New Zealand Journal of Psychiatry* veröffentlicht wurde, fand heraus, dass ein Gramm Omega-3-Eicosapentaensäure (EPA) als Nahrungsergänzungsmittel bei Patienten, die unter klinischer Depression litten, den gleichen therapeutischen Effekt wie eine tägliche Dosis von 20 Milligramm Fluoxetine (Antidepressivum) hatte. Von den Bundesgesundheitsorganisationen in den USA durchgeführte Studien fanden heraus, dass die Omega-3-EPAs in Walnüssen dazu beitragen, die Stresshormone Cortisol und Adrenalin in Schach zu halten. In der Welt der Meere enthalten Hering, Makrele und Lachs viel Omega-3-Fettsäuren.

Trytophan

Zur Produktion von Serotonin wird Tryptophan in Kombination mit Vitamin B6 benötigt. Geflügel, Milchprodukte, Getreide, Avocados, Kürbis und Kichererbsen strotzen nur so vor Tryptophan.

Vitamin C

Vitamin C kommt in Zitrusfrüchten, Paprikaschoten, Kiwis, Guave, Tomaten und Erbsen vor und hat sich als hilfreicher Verbündeter im Kampf gegen Stress erwiesen. Deutsche Wissenschaftler baten 120 Probanden, eine Rede zu halten und dann ein schweres mathematisches Problem zu lösen. Diejenigen, die zuvor Vitamin C eingenommen hatten, wiesen nach dem Test einen niedrigeren Blutdruck und geringere Cortisolwerte auf als die Testgruppe.

Mahlzeiten

Unser Verdauungssystem funktioniert am besten, wenn wir entspannt essen. Am Küchentresen zu stehen und in fünf Minuten ein Fertiggericht aus der Mikrowelle reinzuschlingen, ist das Gegenteil von entspanntem kulinarischem Genuss. Zum einen wird Ihr Darm wahrscheinlich unsanft reagieren: Ihre Verdauung braucht freundlichere Umgangsformen, um gut zu funktionieren. Ein gestresstes Verdauungssystem produziert zusätzliche Magensäure, was zu Sodbrennen und einem gereizten Darm führt. Essen will gut gekaut werden, bevor es geschluckt wird: Kauen ist tatsächlich Teil des Verdauungsprozesses. Es ist gut für Ihre Gesundheit und Ihr Wohlbefinden, wenn Sie sich genug Zeit zum Essen nehmen.

Ich kann Muffins nicht auf eine hektische Art und Weise essen. Wahrscheinlich würde ich mir Butter auf die Manschetten schmieren. Man sollte Muffins immer in aller Ruhe essen. Es ist die einzige Art, Muffins zu essen. *Algernon in Oscar Wilde, Ernst sein ist alles*

Trinken Sie Wasser!

Wenn Sie genug trinken, fühlt Ihr Körper sich ausgeglichener. Die beste Art, genügend Flüssigkeit aufzunehmen, ist, mehrere Gläser Wasser und dazu noch weitere Getränke am Tag zu trinken. Wenn Ihr Urin blass- oder strohgelb ist und Sie mindestens dreimal am Tag oder öfter auf die Toilette müssen, sind Sie wahrscheinlich gut versorgt. Ist es jedoch seltener, ist das ein Hinweis darauf, dass Sie mehr trinken sollten, besonders wenn es draußen warm ist oder Sie Sport treiben.

Im Moment leben

Achtsamkeit bedeutet, im Moment zu leben. Es geht nicht darum, das, was Sie gerade tun, zu unterbrechen, sondern darum, dass Sie sich die Zeit nehmen sich ganz und gar darauf zu konzentrieren und es zu genießen – ob Sie gerade kochen, einen Essay schreiben, mit Freunden sprechen, einem Kind eine Geschichte vorlesen oder spazieren gehen. Nur so können Sie sich voll auf die Erfahrung einlassen, sie als wertvoll und nicht als Opfer Ihrer kostbaren Zeit empfinden.

Bist du deprimiert, dann lebst du in der Vergangenheit. Bist du ängstlich, dann lebst du in der Zukunft. Ist Frieden in dir, dann bist du in der Gegenwart. *Laozi*

Die Zeit vergessen

Wann haben Sie zum letzten Mal die Zeit vergessen? Wann waren Sie nicht in einen Terminplan eingebunden? Können Sie sich an das letzte Mal erinnern, als Sie nicht in Eile waren oder sich Sorgen gemacht haben, Sie könnten für den nächsten Punkt auf Ihrer Liste zu spät dran sein? Kommt Ihnen das bekannt vor? Dann haben Sie es mit dem absoluten Gegenteil von Ausgeglichenheit zu tun und es wäre ratsam, einen Moment innezuhalten.

Tagträumen

Eine Studie, die in der Zeitschrift *Psychological Science* veröffentlicht und von Forschern an der Universität Wisconsin und dem Max-Planck-Institut für Kognitions- und Neurowissenschaft durchgeführt wurde, hat herausgefunden, dass ein abschweifender Geist mit dem sogenannten Arbeitsgedächtnis in Zusammenhang steht. Kognitionswissenschaftler definieren diese Art der Erinnerung als die Fähigkeit des Gehirns, in Momenten der Ablenkung Informationen zu behalten und abzurufen.

Sein statt Tun

Wir sind sehr vom »Tun« bestimmt. Doch es lohnt sich, hin und wieder einfach nur im Moment zu sein. Manchmal ist es eine Vermeidungstaktik, sich unerbitterlich mit allen möglichen Aktivitäten auf Trab zu halten; es ist der Versuch, uns verbunden zu fühlen, obwohl wir uns durch permanente Beschäftigung isolieren, das Beste im Leben verpassen und uns damit auch noch stressen. Wenn Sie Ihr Tun aber überprüfen, dann spüren Sie, wie wertvoll es ist, sich in Ruhe und mit ganzem Herzen dem Moment zu widmen. Es ist absolut in Ordnung, innezuhalten und sich Zeit zu nehmen: Geben Sie sich selbst die Erlaubnis dazu, denn damit tun Sie den ersten Schritt in Richtung achtsames Leben. Beobachten Sie wie kleine Kinder etwas entdecken: einen Kieselstein, die Spiegelung in einer Pfütze, ein Laubblatt, Fingerfarbe oder neue Schuhe; sie gehen vollkommen in der Erfahrung auf. Erinnern Sie sich, wie Sie sich mit solchen Dingen gefühlt haben, und versuchen Sie, dieses Gefühl wieder wachzurufen.

Dolce far niente – das süße Nichtstun.

Alles, was du denkst, was du sagst, was du tust: All das trägt deine Unterschrift. *Thích Nhất Hạnh*

Warum nicht mal eine gute Gewohnheit pflegen?

Wir lassen uns oft von Sorgen und Umständen verunsichern, die wir nicht kontrollieren können – zum Beispiel die Zukunft betreffend. »Was wäre, wenn?«, »Aber…« und »Wenn …« sind nutzlose Gedanken, die uns immer wieder durch den Kopf kreisen. Oder wir verbringen Zeit damit, im Geist längst vergangene Dinge zu wälzen, an denen wir nichts mehr ändern können. Endlose Gedankenschleifen, die uns keineswegs davon abhalten, uns Sorgen zu machen. Ihre ganze Aufmerksamkeit auf das zu richten, was Sie gerade tun, sich komplett auf das Jetzt zu konzentrieren, hilft dabei, diese störenden, kontraproduktiven Gedanken auszuschließen. Es kann sie vielleicht nicht vollständig abschalten, doch an ihre Stelle tritt etwas Positives und Produktives, einfach dadurch, dass wir dem, was wir gerade tun, unsere ganze Aufmerksamkeit schenken. Dazu braucht es bewusste Intention und Übung, aber genau wie jede Handlung und Einstellung wird auch Achtsamkeit zur Gewohnheit, je öfter man sich darin übt.

Schiebe nicht die Wolken von morgen über die Sonne von heute. *Anonymus*

Vorbereitet sein

Sich über Dinge, die außerhalb Ihrer Kontrolle liegen, Sorgen zu machen, ist nicht dasselbe wie vorbereitet sein. Vorbereitet zu sein, ist eine gute Methode, um einer Situation gelassen zu begegnen. Man macht sich ein Bild davon, was man benötigt, wie zum Beispiel Informationen oder bestimmte Dinge, die es zu organisieren und zu regeln gilt, ob es die Vorbereitung für ein besonderes Essen, auf ein

Vorstellungsgespräch oder die Urlaubsplanung ist. Sich gründlich Gedanken zu machen, eine Liste zu schreiben, zu besorgen, was man braucht, sich selbst genug Zeit zu lassen, all das bedeutet, dass man seine Pflichten mit mehr Ruhe angehen kann, das Stresspotenzial reduziert und mehr Raum für Freude schafft.

Wenn ich sechs Stunden Zeit hätte, um einen Baum zu fällen, würde ich vier Stunden die Axt schleifen.

ABRAHAM LINCOLN

Körperbewusstsein aufbauen

Körperbewusstsein ist eine weitere Möglichkeit, um die Aufmerksamkeit in der Gegenwart zu verankern. Wenn Sie regelmäßig Ihr Körperbewusstsein praktizieren, werden Sie schnell merken, dass es Ihnen leichter fällt, im Moment zu bleiben. Beginnen Sie damit:

› Setzen Sie sich bequem hin, Rücken angelehnt, beide Füße flach auf dem Boden.
› Ballen Sie Ihre Hände zu Fäusten und spreizen Sie die Finger dann weit auseinander.
› Schütteln Sie Ihre Hände aus.
› Heben Sie beide Arme auf Schulterhöhe, beugen Sie Ihre Ellenbogen, dann bewegen Sie Ihre Unterarme sanft wie Scheibenwischer hin und her.
› Heben und senken Sie Ihre Schultern: Rollen Sie erst eine, dann die andere, dann beide Schultern zusammen hoch und runter.
› Schauen Sie geradeaus, ziehen Ihr Kinn ein, lassen Sie Ihren Kopf erst nach rechts, dann nach links sinken, das Ohr bewegt sich jeweils in Richtung Schulter.
› Spannen Sie Ihren unteren Bauch an und lassen ihn wieder entspannen.
› Spannen Sie im Wechsel Ihre Pohälften an und entspannen sie.
› Heben und senken Sie ein Bein nach dem anderen, wobei Sie beim Hochheben Ihre Zehenspitzen zu sich heranziehen und beim Absenken die Zehenspitzen von sich wegstrecken.
› Heben Sie einen Fuß, ziehen Sie die Fußspitzen zu sich und strecken Sie sie von sich weg, drehen Sie den Fuß zuerst im Uhrzeigersinn, dann in die andere Richtung. Wiederholen Sie die Übung mit dem anderen Fuß.
› Machen Sie eine Pause, schließen Ihre Augen und gehen vor Ihrem geistigen Auge noch einmal jeden Körperteil, den Sie gerade trainiert haben, durch.

Wenn Sie jetzt konzentriert sind, beginnen Sie mit der Atemübung (siehe Seite 38).

Übe Präsenz. Nimm den Raum an, in dem Leben passiert. *Eckhart Tolle*

Entspannt zu Hause

Achtsamkeit führt dich in die Gegenwart, nach Hause zurück. Und jedes Mal, wenn du dort ankommst und das Glück bemerkst, in dem du bist, erwächst daraus mehr Glück. *Thích Nhất Hạnh*

In einer perfekten Welt ist Ihr Zuhause Ihre Oase der Ruhe. Am Ende des Tages bietet es einen Zufluchtsort nach all dem Stress und den Anforderungen der Welt. Ist das nicht der Fall, sollten Sie etwas unternehmen, damit es dazu wird. Immer mehr Menschen haben ihren Arbeitsplatz in den eigenen vier Wänden – laut Schätzungen arbeitet einer von sieben inzwischen zeitweise von Zuhause aus oder an einem mobilen Arbeitsplatz. Wenn man nicht zu den Glücklichen gehört, die einen separaten Arbeitsbereich haben, kann es schwierig sein, die Bereiche auseinanderzuhalten. Da wir permanent über Computer, Smartphones, iPads und Laptops erreichbar sind, gibt es manchmal keinen offensichtlichen Grund mehr, jemals mit dem Arbeiten aufzuhören.

Manche Leute sind diszipliniert genug, eine klare Trennlinie zu ziehen, andere versuchen, bestimmte Orte komplett von Arbeit frei zu halten – das kann das Schlafzimmer, das Badezimmer oder auch die Küche sein. Gestalten Sie sich einen gemütlichen Zufluchtsort, an dem Sie achtsam und ungestört all das machen können, was Sie entspannt, ob das nun kochen, Musik hören, lesen, Sport oder gemeinsam essen ist.

Sich einen Zufluchtsort zu schaffen, bedeutet, einen Raum zu haben, an dem es nichts zu erreichen gibt.

JULIE MORGENSTERN,
BERATERIN

Blautöne wirken

allgemein beruhigend, fördern die Gelassenheit und das Lösen von Spannungen.

Farbschema der Gelassenheit

Laut einer alten Hindu-Weisheit gibt es sieben Chakren im Körper. Jedes Einzelne wird durch eine Farbe des Regenbogens repräsentiert. Die Schwingungsenergie dieser Farben hat eine Wirkung auf unsere Gefühle:

> Während **Rot** zu stimulierend ist, um entspannend zu wirken, sind helles Pink und besonders auch blasses Rosa bestens dazu geeignet, eine stimmungsaufhellende und beruhigende Atmosphäre zu schaffen.

> Ein strahlendes, aber sanftes **Orange** hebt die Laune und verbannt Niedergeschlagenheit, Einsamkeit und Langeweile. Es ist die Farbe der Freude.

> Ein schreiendes **Gelb** ist zur Entspannung eher ungeeignet, doch die Frische und der Optimismus, die von einem leuchtenden Gelb ausgehen, können die Stimmung aufhellen.

> **Grün** ist absolut ausgleichend und harmonisierend und wird mit Weisheit und Hoffnung assoziiert – Olivgrün symbolisiert den Frieden.

> **Blau**töne gelten als entspannend und beruhigend, sie fördern Gelassenheit und befreien von Stress.

> **Indigo** und andere **Lila**- und Violetttöne gelten als sehr spirituelle Farben, die mit Heilung in Verbindung gebracht werden. Bei Angst und Frustration wirken sie ausgleichend und beruhigend.

ROSA FÜR RUHE / BLAU FÜR ENTSPANNUNG /
GRÜN FÜR ERNEUERUNG / LILA FÜR AUSGEWOGENHEIT

Das Geheimnis der Düfte

Da der Geruchssinn direkt mit dem Gedächtnis und dem emotionalen Zentrum des Gehirns verbunden ist, können Sie mit dem richtigen Duft eine entspannende Umgebung schaffen. Wählen Sie Gerüche aus, die Sie bereits mit Entspannung assoziieren, oder finden Sie einen Duft, den Sie mögen, und setzen Sie ihn so ein, dass Sie ihn nach und nach mit Entspannung gleichsetzen. Wenn Sie sich damit eine Zufluchtsoase einrichten, werden Sie sich nach und nach immer ruhiger fühlen, sobald Sie ihn riechen. Viele ätherische Öle haben ebenfalls therapeutische Eigenschaften:

> Kamille hat einen frischen, aber leicht holzigen Geruch, ist sanft genug, um für Babys verwendet zu werden, und bekannt dafür, Frieden und Ruhe zu verbreiten; sie wird ebenfalls als Einschlafhilfe verwendet. Kamillenblüten sind auch als Tee köstlich.

> Sandelholz gilt als Meditationshilfe und entspannendes Öl, das auf viertausend Jahre heilige Geschichte zurückblicken kann; es wird bereits in chinesischen Schriften und Sanskrittexten erwähnt. Sandelholz wird allgemein für seinen beruhigenden Duft geschätzt.

> Neroli aus Orangenblüten beruhigt und schafft ein friedliches Gefühl.

> Lavendel hilft dabei, Körper und Geist in Einklang zu bringen, müde Muskeln zu besänftigen und die Schlafqualität zu verbessern. Es gibt einige Untersuchungen, die seine lindernde Wirkung in Bezug auf die Frequenz epileptischer Anfälle belegen, so stark ist die Wirkung von Lavendel auf das limbische System.

> Geranie wirkt ausgleichend auf die Stresshormone.

Das eigene Zuhause als Zufluchtsort

Es lohnt sich, aus dem eigenen Zuhause einen Zufluchtsort zu machen, an dem Sie Ruhe finden und wirklich im Moment sein können. Es genügt schon, es sauber und gepflegt zu halten und es sich mit beruhigenden Farben, Musik und Pflanzen gemütlich machen. Bewusst Zeit einzuplanen, in der man »nichts macht«, kann den Druck herausnehmen und Ihnen die Gelegenheit geben, genau das zu tun, was Sie wollen –vor sich hinträumen, spazieren gehen, ein Buch lesen oder sich im Kerzenschein in eine duftende Badewanne gleiten zu lassen und früh schlafen zu gehen.

Mein Schlafzimmer ist mein Heiligtum. Es ist wie ein Zufluchtsort und auch der Ort, wo ich eine Menge designe. *Vera Wang*

Entrümpeln Sie und schaffen Sie Platz

Überwältigt Sie manchmal die Menge an Kram, den Sie besitzen, der Platz braucht und macht, dass Sie nie finden, was Sie suchen? Eine ruhige Umgebung zu schaffen, fängt damit an, dass Sie zu Hause ausmisten. Wie sollen Sie denn gelassen bleiben, wenn Sie die Autoschlüssel schon wieder verlegt haben oder der Abholschein für die Reinigung auf ewig verschollen ist? Nach Dingen zu suchen, verschwendet Zeit und frustriert uns.

Behalte nichts in deinem Haus, was dir nichts nutzt oder was dir nicht gefällt. *William Morris*

› Bringen Sie regelmäßig den Müll raus, geben Sie die alten Zeitungen ins Altpapier und waschen Sie ab, während das Teewasser kocht.
› Geben Sie die Dinge, die Sie nicht mehr wollen oder brauchen, an Freunde, Secondhandläden oder zum Recyclinghof und richten Sie sich danach, dass für alles Neue etwas Altes gehen sollte.
› Machen Sie Ihr Bett und schütteln Sie die Kissen auf – dadurch sieht ein Zimmer sofort ordentlicher aus.
› Kaufen Sie weniger Sachen – wie viele Flaschen Duschgel brauchen Sie wirklich?
› Entwickeln Sie einfache Systeme, um die Basics aufzubewahren: Kleiderhaken, beschriftete Schachteln, Schlüsselboxen.
› Gehen Sie nie mit leeren Händen aus dem Zimmer: Nehmen Sie schmutzige Tassen oder Müll mit.
› Überlegen Sie, bevor Sie etwas lagern. Denn Lagern bedeutet, dass Sie es nicht oft benutzen werden.
› Nehmen Sie sich abends vorm Schlafengehen fünf Minuten Zeit, um im Wohnzimmer und in der Küche aufzuräumen.

> **Winzige Veränderungen machen das wahre Leben aus.**
> *Lew Tolstoi*

Musik als Quelle der Liebe

Nutzen Sie die Kraft der Musik, um in Ihrem Zuhause Entspannung zu verbreiten. Musik kann emotional mit Gefühlen der Ruhe, Geborgenheit und Sicherheit assoziiert sein. Sie wirkt beruhigend, wenn der Rythmus langsamer ist als unser Herzschlag oder wenn Musik mit dem Alphawellenmuster in unserem Gehirn resoniert, was mit Entspannung und einer tiefen Ruhe verbunden ist. Alphawellen bewegen sich auf der gleichen Frequenz wie die Schumann-Resonanz, die Frequenz des elektromagnetischen Felds der Erde (Erdresonanzfrequenz). Wenn unsere Gehirnwellen im Alpharythmus sind, fühlen wir uns geerdet.

> **Ich hätte keine irdischen Bedürfnisse, wenn ich stets von Musik umgeben wäre ... Sie versorgt meinen Körper mit Kraft und mein Gehirn mit Ideen. Das Leben erscheint so leicht, wenn Musik in mir ist.**
> *George Eliot*

Wählen Sie Musik, die diese beruhigenden Faktoren mitbringt:
› Bachs Cello-Suiten
› Gitarrenstücke von André Segovia
› Windspiele
› Tibetische Klangschalenmusik
› Meeresgeräusche und Walgesänge
› Klaviersonaten
› Gregorianische Gesänge

Es fließt mir das Herz über vor Dankbarkeit gegen die Musik, die mich so oft erquickt und aus großen Nöten errettet hat.

MARTIN LUTHER

Entspannt bei der Arbeit

Die britische Organisation für psychisch Kranke MIND hat Stress am Arbeitsplatz vor Kurzem als die Epidemie definiert, die das Vereinigte Königreich 26 Milliarden Pfund kostet und auch global gesehen ein stetig wachsendes Problem ist. Einfach gute Miene zum bösen Spiel zu machen, schadet dem Einzelnen und hat auch auf die Produktivität am Arbeitsplatz negative Auswirkungen. In Anbetracht der Tatsache, wie viel Zeit wir bei der Arbeit verbringen, sollten wir immer darauf achten, genügend Atempausen und Momente der Ruhe zu integrieren. Arbeit nimmt einen so hohen Stellenwert in unserem Leben ein, dass es uns, wenn es bei der Arbeit nicht gut läuft, auch die Freude in anderen Lebensbereichen verderben kann: unsere Freizeit, unsere persönlichen Beziehungen, die Gesundheit.

So wie wir den Tag verbringen, verbringen wir auch unser Leben. *Annie Dillard*

Anleitung zur Ruhe bei der Arbeit

Ganz gleich wie unsere Persönlichkeit beschaffen ist, wird es an jedem Arbeitstag Momente geben, in denen uns das Gefühl von Ausgeglichenheit abhandenkommt. Mit Hilfe von Entspannungstechniken können wir Phasen von beruflicher Belastung, Termindruck und schwierige Situationen mit anstrengenden Menschen meistern.

Um mehr Ruhe in mein Leben zu bringen, habe ich eine ziemlich drastische Entscheidung getroffen. Ich habe das Krankenhaus gewechselt und nun ist mein Arbeitsweg ein zwölfminütiger Spaziergang. Das kompensiert den Stress und die lange Arbeitszeit enorm. *Dr. Simon Eccles, Facharzt für Unfall- und Notfallmedizin*

Top-Tipps für Momente der Entspannung am Arbeitstag

› Machen Sie vor und nach dem Arbeiten einen kurzen Spaziergang – selbst wenn das nur bedeutet, dass Sie etwas früher aus dem Bus steigen, um das letzte Stück zu laufen.

› Machen Sie jeden Tag eine Mittagspause – nicht nur um etwas Gesundes zu essen, das Ihren Blutzuckerspiegel stabil hält, sondern auch um etwas frische Luft und Tageslicht zu bekommen.

› Erledigen Sie eine Sache nach der anderen. Wenn Sie gelassen bleiben wollen, ist Multitasking Ihr Feind.

› Schätzen Sie realistisch ab, was für Sie zu schaffen ist – wenn Sie an einem Tag nur ein oder zwei Punkte abhaken können, kümmern Sie sich morgen um den Rest.

› Arbeiten Sie bei gutem Licht –gute Ausleuchtung sorgt für bessere Laune und ist besonders in den Wintermonaten unabdingbar.

› Freunden Sie sich mit Topfpflanzen an. Forschungsergebnisse belegen, dass Grünpflanzen helfen, uns entspannt zu fühlen.

› Vergessen Sie nicht zu trinken – wenn wir zu wenig trinken, werden wir unruhig.

Als ich meine Stelle 2012 antrat, führte ich sowohl für die Kinder als auch die Erwachsenen die Regel ein, stets ruhig und nicht konfrontativ zu sein. Sobald man anfängt zu schreien, hören die Leute einem nicht mehr zu; sie konzentrieren sich nur noch auf den Krach, den man erzeugt, und keineswegs auf das, was man sagt.

Jan Shadick, Schulleiter

Es ist besonders wichtig, eine ruhige, leise Stimme der Gelassenheit zu sein, wenn man Verantwortung hat – wenn man ein Team leitet, die Verantwortung für eine Arbeitsgruppe hat, einen Event organisiert –, das erzeugt Vertrauen. *On ne règne sur les âmes que par le calme (Man kann die eigene Autorität nur anderen Leuten vermitteln, wenn man ruhig und voller Selbstvertrauen ist)* war ein Spruch, den Winston Churchill sehr mochte, und es scheint, als sei er gut damit gefahren.

Entspannt in Schule und Ausbildung

Die Ärztin und Pädagogin Maria Montessori glaubte, dass Kinder am besten an einem ruhigen und geordneten Ort lernen. Das gilt für das ganze Leben.

Das Allerwichtigste für die Entwicklung des Kindes ist Konzentration. Ein Kind, das sich konzentriert, ist ein glückliches Kind. *Maria Montessori*

Aktuelle Forschungen der Psychologischen Fakultät der Carnegie-Mellon-Universität in Pittsburgh zeigen deutlich, dass ein stark stimulierendes, mit vielen buten Bildern und anderen Dingen geschmücktes Klassenzimmer jüngere Kinder eher ablenkt und zu schlechteren Ergebnissen führt. Auch die Sprachentwicklung wird gestört, wenn es zu viele Hintergrundgeräusche wie Fernseher oder Radio gibt.

Einstimmen

Sich auf etwas einzustimmen, kann man lernen. Kindern zu helfen, sich in einer ruhigen Umgebung auf eine Sache zu konzentrieren, kann dabei hilfreich sein:

> Eine Fähigkeit zu lernen – ein Musikinstrument, ein dem Alter entsprechendes Kreuzworträtsel zu lösen, ein Legohaus zu bauen, ausmalen.

> Regelmäßige Mahlzeiten und gesunde Snacks – die natürliche Reaktion des Körpers auf niedrigen Blutzucker ist, Adrenalin auszuschütten. Essen Sie beständig, aber vermeiden Sie »schnellen« Zucker, der den Blutzuckerspiegel in die Höhe treibt.

> Setzen Sie Ihren Körper ein – regelmäßiger Sport befreit Sie von überschüssiger körperlicher Energie und unterstützt die Bildung und Ausschüttung von ausgleichenden Endorphinen.

> Backen Sie einen Kuchen – arbeiten Sie nach Rezept, arbeiten Sie zusammen, warten Sie auf das lohnende Ergebnis.

> Lösen Sie ein Puzzle oder spielen Sie ein Brettspiel zusammen – eine altmodische Idee, aber eine, die ruhige Konzentration und Kommunikation fördert.

Abschalten

Kinder können auch lernen, Krach und externe Reize, die eine potenzielle Ablenkung darstellen, auszublenden. Diese Fähigkeit wird ihnen später in Schule, Ausbildung und Studium zugutekommen. Verhaltensweisen und Techniken zu lernen, mit denen man runterkommt, ist heute eine Lernhilfe und führt später zu guten Ergebnissen.

› Wenn Kinder Vokabeln lernen, mathematische Probleme wälzen oder einfach nur ein Buch lesen, stellen Sie Ablenkungen wie Fernsehen oder Facebook aus und das Telefon auf leise.

› Planen Sie genug Zeit ein, damit alles erledigt werden kann – diese Zeit können Sie nach und nach von 15 Minuten auf 20, 25 bis zu 40 Minuten verlängern, um Kinder daran zu gewöhnen, sich in Ruhe für einen längeren Zeitraum auf etwas zu konzentrieren.

› Wenn Ihnen Musik dabei hilft, andere Ablenkung auszugrenzen, entscheiden Sie sich für etwas, das die Alphawellenaktivität im Gehirn stimuliert, und lassen Sie die Musik über Kopfhörer laufen.

› Üben Sie, fünf Minuten nichts zu tun, einfach nur leise dazusitzen und zu denken – und dann erweitern Sie das auf zehn Minuten.

› Buchstabieren Sie Wörter rückwärts, ohne sie aufzuschreiben, entweder laut oder in Gedanken – fangen Sie mit einfachen Wörtern wie Hut und Axt an und gehen dann zu schwierigeren wie Heizung, Würstchen oder Koffein über.

Konkrete Entspannungsübungen

Sogar ziemlich kleine Kinder können Atemübungen lernen (siehe Seite 38), um sich zu entspannen. Sie können sie mit Visualisierungsübungen (siehe Seite 45) und mit Meditationspraxis (siehe Seite 44) verbinden, um die stimulierenderen Aktivitäten auszugleichen.

Menschen & andere Stressfaktoren

Meide die Lauten und Streitsüchtigen – sie verwirren den Geist. *Max Ehrmann, Desiderata*

Sie kennen das bestimmt. Ihre Laune ist blendend, Sie sind entspannt, doch nach fünf Minuten in Gesellschaft von Person XY sind Sie angespannt und denken daran, Ihrem Gegenüber an die Gurgel zu gehen.

Was hat es mit manchen Leuten auf sich, dass sie so anstrengend für Sie sind und Sie um Ihre Gelassenheit bringen können?
Ein Grund ist, dass sie an tief sitzenden Gefühlen, die wir alle haben, rühren, und das kann dazu führen, dass wir mit erheblichem Stress reagieren. Doch leider sind schwierige Leute ein Teil des Lebens. Zu lernen, mit ihnen umzugehen, ist wichtig, damit wir unsere innere Ruhe behalten.

Sieben Typen schwieriger Menschen

1
BESSERWISSER

2
JA-SAGER

3
BREMSER

4
PESSIMISTEN

Verhaltenswissenschaftler Robert Bramson hat sieben Persönlichkeitstypen identifiziert, die ihren Mitmenschen Schwierigkeiten machen und Stress in ihrem Umfeld erzeugen. Wenn Sie herausfinden, in welche Kategorie der Peiniger, der an Ihren Nerven sägt, passt, können Sie Strategien entwickeln, um den Stress zu verringern, den er Ihnen beschert.

1. ***Besserwisser:*** Diese lassen sich in zwei Typen einteilen: diejenigen, die *vielleicht* wissen, wovon sie sprechen, und diejenigen, die mit nur sehr wenig Information zu selbst ernannten Experten werden.
2. ***Ja-Sager:*** Sie kommen gut gelaunt rüber, halten sich aber nicht an ihre Versprechungen. Sie treiben einen in den Wahnsinn, weil sie zu allem »Ja« sagen, um gemocht zu werden, einen aber andauernd hängen lassen.
3. ***Bremser:*** Wahrscheinlich die jenigen, die den meisten Stress verursachen, und zwar wenn man von ihren Entscheidungen abhängt.

(In welche Kategorie gehören Sie?!)

5	6	7
SCHWEIGER	KRAWALLMACHER	MECKERER

4. Pessimisten: Egal, was man sagt oder wie man etwas darstellt, sie reagieren immer negativ und häufig mit derart großer Überzeugung, dass es schwierig ist, sich nicht in ihr negatives Programm reinziehen zu lassen.

5. Schweiger: Diese Sorte Mensch benutzt ihr Schweigen, um die Situationen negativ zu beeinflussen. Hier handelt es sich um eine Form der passiven Aggression oder der boshaften Weigerung zu kooperieren.

6. Krawallmacher: Im Grunde sind das die Bürotyrannen, die ihren Willen mit Spott und Sarkasmus durchsetzen wollen. Ihre Kritik ist häufig persönlich und sie verursachen Stress, indem sie einen verwirren, frustrieren oder sogar ängstigen.

7. Meckerer: Sie jammern ständig, weigern sich aber, an den Umständen, über die sie sich beschweren, etwas zu verändern. Das ist enorm anstrengend, weil sie Sie in Anspruch nehmen, hilfreiche Vorschläge geflissentlich ignorieren und Ihre Zeit verschwenden.

In welche Kategorie gehören Sie?

Es ist sinnvoll, auch unser eigenes Verhalten zu überdenken und zu sehen, auf welche Art und Weise wir vielleicht Stress in unserem Umfeld erzeugen. Keiner von uns ist unfehlbar, wir sind alle nur Menschen, doch wenn man in Betracht zieht, wie viel Zeit wir bei der Arbeit mit Kollegen und Kolleginnen verbringen, sind wir es uns gegenseitig schuldig, für eine entspannte Atmosphäre zu sorgen.

Wenn schlechte Stimmung in der Luft liegt, ist es gut, sich zu sagen, dass es nicht um mich geht; es ist nicht persönlich gemeint. *Peter Harwood, Anwalt*

Menschen sind allerdings nicht die einzigen Stressfaktoren, denen wir begegenen

Forscher am Max-Planck-Institut für Kognitions- und Hirnforschung und der Technischen Universität Dresden haben herausgefunden, dass fernsehen schon ausreicht, um den Stresspegel zu erhöhen. Es gibt Momente, in denen es Spaß machen kann, einen gruseligen Film zu schauen. Die Erwartung des nächsten Moments, in dem man vor Schreck an die Decke geht, ist köstlich, wenn man weiß, dass man sicher mit einer Tüte Popcorn auf dem Sofa sitzt. Doch die permanente Konfrontation mit schlechten Nachrichten, Zerstörung und Desaster kann unsere Einstellung und unser Verständnis, dass das Leben ruhig und geordnet ist, nach und nach aushöhlen.

Schlechte Nachrichten können uns körperlich schaden

Es gibt Hinweise darauf, dass ständige Katastrophennachrichten und endlose Bilder von verzweifelten Menschen, verhungernden Kindern und zerbombten Gebäuden unsere Weltsicht beeinflussen. Es stimmt, dass die Nachrichten uns viele schlechte Neuigkeiten überbringen, und es ist möglich, dass sich unsere Gefühle von Stress und Anspannung verringern, wenn wir uns dem weniger aussetzen.

Im Urlaub fühlen sich die meisten fernab von der täglichen Dosis Zeitung, Fernsehen und Radionachrichten entspannter. Wenn Sie also ein Nachrichtenjunkie sind, achten Sie darauf, dass Sie unbedingt mit guten, positiven und beruhigenden Lebenserfahrungen einen Ausgleich schaffen.

Geschichten, die Panik verbreiten, setzen einen wahren Strom von Cortisol frei. Dadurch dereguliert sich dein Immunsystem und die Freisetzung von Wachstumshormonen wird behindert. Kurzum, der Körper befindet sich in einem Zustand von chronischem Stress. Hohe Cortisolspiegel stören die Verdauung, führen zu Wachstumsstopp (Zellen, Haar, Knochen), Nervosität und Anfälligkeit für infektiöse Erkrankungen. Andere potenzielle Nebenwirkungen sind Angst, Aggression, Tunnelblick und Desensibilisierung. *Rolf Dobelli, Die Kunst des klaren Denkens*

Entspannte Beziehungen

Wie können Enspannung und Ausgeglichenheit eine Beziehung bereichern? Es geht in einer Beziehung nicht darum, der Fußabtreter für die Sorgen des anderen zu sein, sondern darum, dass wir im Umgang mit unseren Liebsten ganz im Moment sind, dass wir nicht alles aus dem Blickwinkel der Vergangenheit sehen, ständig nur unsere eigenen Sorgen und Erwartungen im Blick haben und gereizt auf die Fehler des anderen reagieren. Wenn wir jeden Moment so nehmen, wie er kommt, dann ist es möglich, innezuhalten und zu entscheiden, wie wir darauf reagieren. Das klingt zwar relativ anstrengend, man kann es aber üben, sodass es sogar reflexhaft wird. Wie sieht das dann in der Realität aus?

Fangen Sie bei sich selbst an

Ständig wird uns vorgehalten, Egoismus sei eine schlechte Charaktereigenschaft. Das stimmt auch, wenn er uns mies und unfreundlich anderen gegenüber sein lässt, doch wenn wir uns selbst mögen, können wir gelassen und ruhig auf den anderen reagieren. Indem wir uns selbst achtsam verhalten, überträgt sich die Achtsamkeit, die wir innerlich spüren, auf eine positive Art und Weise nach außen. Dann kann man die eigene ruhige Präsenz so erweitern, dass man in Gegenwart der Person, die einem wichtig ist, ganz im Moment ist. Genau hinzuhören, mit dem Urteil zu warten und vollkommen präsent zu sein, ist ein wahrer Segen, aber manchmal wird unsere Reaktion auf die Gegenwart durch Erfahrungen aus der Vergangenheit beeinflusst. Es ist nicht immer leicht, das zu entwirren, doch wenn man eine Position der Ruhe einnimmt, wird es möglich, einen Schritt zurück zu tun und eine objektivere Sichtweise einzunehmen.

> **Das größte Geschenk, das man jemandem machen kann, den man liebt, ist die eigene Präsenz. Wie kannst du lieben, wenn du gar nicht da bist?** *Thích Nhất Hạnh*

Die Vorteile sind messbar

Auch zur Achtsamkeit in Beziehungen wurden Untersuchungen vorgenommen – und die Ergebnisse sind beeindruckend! 2004 haben Wissenschaftler an der Universität von North Carolina die Auswirkung von Achtsamkeitspraxis in Beziehungen untersucht und herausgefunden, dass sich die Zufriedenheit in Bezug auf Nähe, gegenseitige Akzeptanz und allgemeinen Optimismus nachhaltig verbessert. Die Studie zeigte auch, dass die positive Wirkung von einem Tag Achtsamkeitsübungen über mehrere Tage anhält und der Beziehung guttut.

> **Was ist Liebe? Liebe ist die Abwesenheit eines Urteils.**
> *Dalai Lama*

Achtsamkeit heißt nicht, Emotionen zu leugnen oder zu begraben. Es geht vielmehr darum, eine andere Beziehung zu unseren Gefühlen und Erfahrungen zu entwickeln, in der wir die Zügel in der Hand halten. Wir können unsere Gefühle und Gedanken wie einen Zug sehen, der vorüberfährt, doch wir entscheiden selbst, ob wir mitfahren wollen.

LISA FIRESTON, PSYCHOLOGIN

Entspannte Kinder

Je kleiner Kinder sind, desto schlechter können sie zwischen dem, was sie körperlich fühlen und was sie psychologisch empfinden, unterscheiden: Gefühle sind Gefühle, ob sie von Hunger oder von der Trennung von einer geliebten Bezugsperson herrühren. Erst mit der emotionalen Entwicklung bildet sich auch die Fähigkeit zur Differenzierung heraus. Zu lernen, Gefühle zu identifizieren und zu interpretieren, geschieht im Lauf der Zeit mithilfe von fürsorglichen Erwachsenen. Kleine Kinder lernen anhand der Reaktionen ihrer Eltern oder anderer Bezugspersonen. Wir haben alle schon einmal beobachtet, wie ein Kleinkind hinfällt und dann seine Eltern anschaut, um die angemessene Reaktion abzuschätzen. Wenn die Not des Kindes aber ignoriert wird, dann lernt es, dass seine Gefühle wertlos sind. Oder – wenn die Reaktion der Erwachsenen sehr heftig ist, vermittelt das dem Kind, dass man Angst vor dem Leben haben sollte. Reagieren die Erwachsenen im Umfeld des Kindes gelassen, ist das ein deutliches Signal, dass die Erfahrung des Kindes wichtig ist, dass sie aber auch in den Griff zu bekommen ist.

Beruhigende Berührung

Da bei Kindern das physische und psychische Erleben so eng miteinander verbunden sind, ist es häufig leicht, ein Kind über Berührung zu beruhigen – ein tröstendes Kuscheln reicht häufig schon, damit ein überreiztes Kind Entspannung findet. Wenn Sie ein Kind tröstend in die Arme nehmen, kann es besser verstehen, dass man Gefühle – von körperlichem oder seelischem Unbehagen – kontrollieren und in den Griff bekommen kann. Babys zu pucken (einwickeln), kann ihnen ein Gefühl von Sicherheit geben. Auch eine Babymassage, das Umarmen eines Kindes stimuliert den Gute-Laune-Transmitter Serotonin im Gehirn und das Bindungshormon Oxytocin, das beruhigend wirkt.

Nuckeln, ob an der Brust, am Daumen oder an einem Schnuller, kann beruhigend wirken. Es hilft, den Vagusnerv (siehe Seite 70) zu aktivieren, und übt einen beruhigenden Effekt auf Puls und Atmung aus.

Musik – Kinder reagieren schon ab einem sehr frühen Alter auf die beruhigende Wirkung von Musik. Klassische Musik, die mit den Alphagehirnwellen resoniert, zu spielen, entspannt ungemein.

Wenn Kinder größer werden, nimmt das Maß an positiven, liebevollen Berührungen in der Regel ab. Man badet sie nicht mehr und trocknet sie auch nicht mehr ab, trägt sie nicht mehr herum, hebt sie nicht mehr auf, wenn sie hinfallen. Und wenn sie in die Pubertät kommen, vermeiden viele von ihnen jeglichen Körperkontakt mit Erwachsenen, da sie sich ihres eigenen Körpers unsicher sind – doch eine Kopfmassage kann zum Beispiel etwas sein, das selbst der reizbarste Teenager dankbar annimmt.

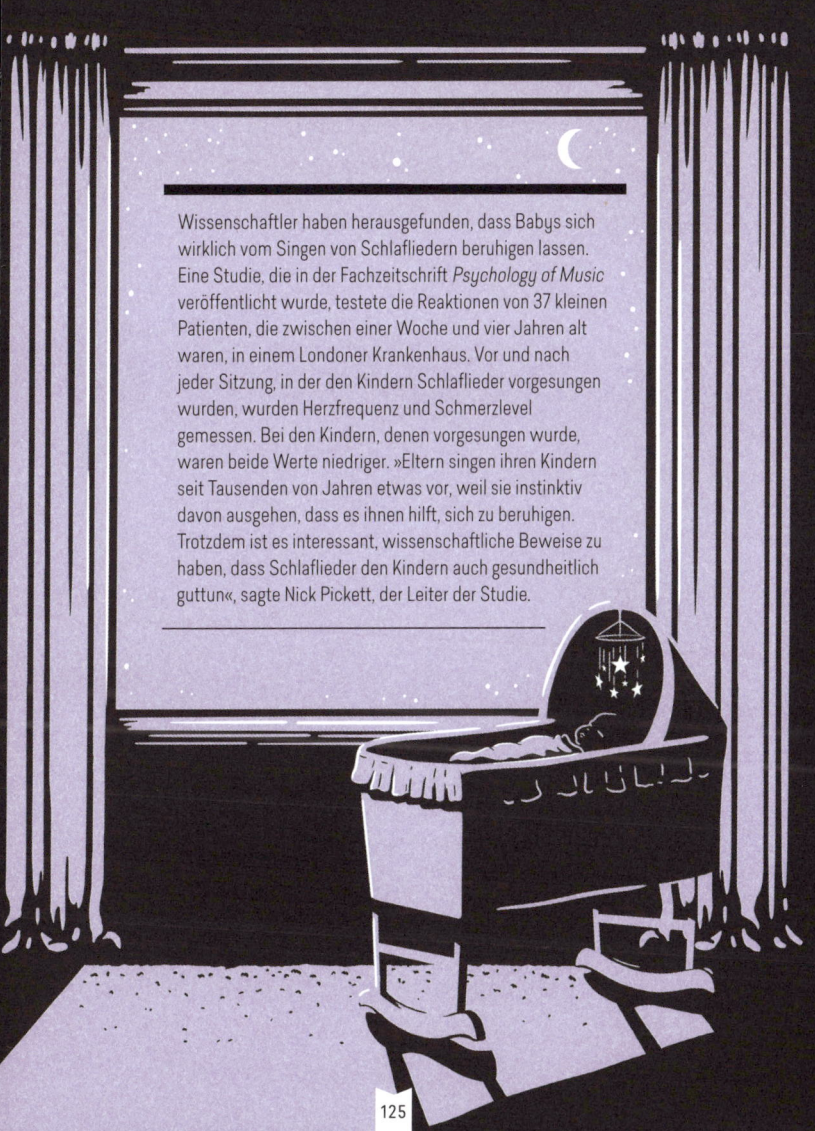

Wissenschaftler haben herausgefunden, dass Babys sich wirklich vom Singen von Schlafliedern beruhigen lassen. Eine Studie, die in der Fachzeitschrift *Psychology of Music* veröffentlicht wurde, testete die Reaktionen von 37 kleinen Patienten, die zwischen einer Woche und vier Jahren alt waren, in einem Londoner Krankenhaus. Vor und nach jeder Sitzung, in der den Kindern Schlaflieder vorgesungen wurden, wurden Herzfrequenz und Schmerzlevel gemessen. Bei den Kindern, denen vorgesungen wurde, waren beide Werte niedriger. »Eltern singen ihren Kindern seit Tausenden von Jahren etwas vor, weil sie instinktiv davon ausgehen, dass es ihnen hilft, sich zu beruhigen. Trotzdem ist es interessant, wissenschaftliche Beweise zu haben, dass Schlaflieder den Kindern auch gesundheitlich guttun«, sagte Nick Pickett, der Leiter der Studie.

Atem und Meditation

Auch Kinder können Atemübungen lernen, auf die sie zurückgreifen können, wenn sie aufgeregt oder nervös sind. Viele Schulen bringen ihren Schülern Atemübungen bei, um den Stress vor Prüfungen zu mindern und bessere Ergebnisse zu erzielen. In der Kadampa Schule in Derbyshire (England) ist Meditation sogar Bestandteil des Lehrplans. In den USA leitet die David-Lynch-Stiftung seit einigen Jahren das Programm »Ruhige Momente«, das Schüler darin unterstützt, ihre schulische Arbeit ruhiger und konzentrierter anzugehen.

Routine

Vielen Kindern hilft es, ihr Leben in Ruhe zu meistern, wenn sie eine Routine haben. Dazu gehören natürlich auch geregelte Mahlzeiten, die ihren Blutzuckerspiegel stabil halten; regelmäßige Bewegung, damit sie die überschüssige Energie loswerden können; regelmäßige Ruhephasen zum Ausruhen und Erholen und gleichbleibende Schlafzeiten, um Probleme wie Hyperaktivität zu vermeiden.

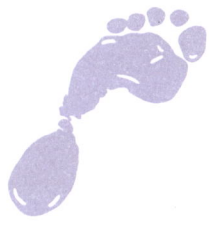

Weniger machen, mehr schaffen

Wie soll das denn gehen?

Eine Falle, in die viele Menschen tappen, ist, Geschäftigkeit mit Erfolg zu verwechseln. Der Mythos vom Multitasking zum Beispiel suggeriert, dass wir erfolgreich sind. Doch Multitasking ist das genaue Gegenteil von Achtsamkeit. Klar, es gibt Multitasking, das absolut Sinn ergibt – zum Beispiel beim Abwaschen Radio zu hören –, doch wenn es wirklich um Inhalte und Erfolg geht, ist weniger Ablenkung besser.

Der Chefanalytiker der Wirtschaftsforschungsfirma Basex in den USA, Jonathan Spira, schätzte 2007, dass der Verlust, den die Wirtschaft durch permanente Ablenkungen erleidet, jährlich 650 Milliarden Dollar umfasst. Diese Schätzung basierte auf Umfragen und Interviews mit Berufstätigen, die zu dem Schluss kamen, dass sie 28 Prozent ihrer Zeit mit etwas verbrachten, das sie als Unterbrechungen empfanden.

Das Leben gibt es nur in der Gegenwart. Deswegen sollten wir so gehen, dass uns jeder Schritt ins Hier und Jetzt befördert.

THÍCH NHẤT HẠNH

Multitasking bedeutet Stress

Nur weil wir multitaskingfähig sind, bedeutet das nicht, dass es die effizienteste Art ist, etwas zu erledigen. Besonders wenn man versucht, etwas Neues zu lernen oder etwas bereits Gelerntes für eine Prüfung zu wiederholen, ist Multitasking wenig sinnvoll. Das permanente Hin- und Herwechseln von einer Aufgabe zur nächsten bedeutet eine Menge Umgewöhnung und Stress. Wenn wir uns auf eine Sache konzentrieren, erledigen wir unsere Aufgaben nicht nur besser, sondern normalerweise auch effizienter, schneller und mit weniger Fehlern. Außerdem bedeutet der ständige Wechsel, dass es schwierig ist, das, was man tut, zu genießen und in seiner Fülle zu erfahren.

Entscheiden Sie sich für Ausgeglichenheit

Häufig werden wir gestresst, weil wir die Anzeichen übergehen, die uns signalisieren, dass wir uns vom Leben überfordert fühlen. Der Stress schleicht sich Schritt für Schritt ein und wir lassen es zu, bis unsere Beziehungen leiden, wir krank werden oder uns so angespannt fühlen, dass das Leben sinnlos erscheint. Unsere Anpassungsfähigkeit ist wirklich fantastisch: Wir können für eine geraume Zeit mit leerem Tank multitasken und auf chaotische Art und Weise produktiv sein. Häufig braucht es keinen großen Knall, damit es kippt; die Erschöpfung nähert sich schleichend und dann ist es plötzlich eine ganz kleine Sache, die das Fass zum Überlaufen bringt.

Was für ein armseliges
Sorge keine Zeit haben, zu

Leben, in dem wir vor lauter stehen und zu staunen.

W. H. DAVIES

Rennen, um stillzustehen

Es ist ganz leicht, sich in einem permanenten Zustand des »Tuns« zu befinden. Manchmal füllen wir unser Leben unbewusst mit Beschäftigung – Arbeit, Freunde treffen, Computerspiele –, um das Gefühl zu vermeiden, dass wir etwas verpassen. Wir erzeugen eine rigide tägliche Routine oder treffen chaotische Entscheidungen, um dem Leben eine Bedeutung zu geben, weil wir uns keine andere vorstellen können. Wenn wir ständig von einer Sache zur nächsten springen, gibt es zwischendrin keine Zeit, in der wir reflektieren oder fühlen. Das mag für manche Menschen kein Problem darstellen, für andere spiegelt es sich nach und nach in ihrem gesundheitlichen Zustand wieder.

> **Nimm das Leben in seiner Gesamtheit an; hör auf zu denken, was sein sollte, und akzeptiere, was ist. Wenn du ohne den Anspruch lebst, dass das Leben dir etwas schuldet, wird alles Gute sich wie eine wunderbare Überraschung anfühlen. Und was daran noch besser ist, dass man niemals enttäuscht wird.** *Pickthebrain.com*

Entscheiden Sie sich für die Entspannung

Es ist also viel besser, die bewusste Entscheidung zu treffen, dem Leben achtsamer zu begegnen, Wege zu finden, wie wir mehr Ruhe in unsere alltäglichen Aktivitäten integrieren können. Häufig reicht eine minimale Modifizierung des eigenen Verhaltens – vielleicht das Smartphone auszustellen, wenn man Zeit mit denen verbringt, die man liebt, oder nach zwanzig Uhr keine Arbeits-E-Mails mehr zu beantworten. Versuchen Sie, etwas mehr Bewegung einzukalkulieren – ein zwanzigminütiger Spaziergang oder zehn Minuten Unkraut jäten – und sich dabei bewusst auf Ihre Umgebung zu konzentrieren. Übertragen Sie das nach und nach auf alle anderen Lebensbereiche – ob Sie mit einem Freund oder einer Freundin sprechen, an einem Bericht arbeiten oder im Fitnessstudio trainieren. Und lassen Sie schließlich ein paar Atemübungen zum festen Bestandteil Ihres Alltags werden.

Plötzlich ist Ihr Leben viel ausgeglichener. Sie wissen jetzt, wie es geht, also tun Sie es. Leben Sie im Moment – und der Moment wird Sie dafür belohnen.

Wenn du das tust, was du immer tust, wirst du kriegen, was du immer hattest.

MARK TWAIN

Vielleicht ist es also an der Zeit, die Dinge anders anzugehen.

Danksagungen

Es gibt eine Menge an Literatur und Forschung zum Thema Achtsamkeit und Ausglichenheit, die diesem Buch als Grundlage dient. Meine Anerkennung gilt besonders all den Forschern und Wissenschaftlern, die bewiesen haben, dass die Verbindung zwischen Körper und Geist existiert und dass wir dieses Wissen für mehr Entspannung nutzen können. Meine eigene Reise auf diesem Pfad wurde durch das Üben von Vinyasa-Yoga, meinen Yogalehrer Jeff Phoenix und den 2014er Kurs begleitet: Lucy, Carrie, Sophie H., Jemma, Sophie B., Tabitha, Maria, Nicholas, Joanna, Aine, Karen, Sylvia, Zeynep, Pawel, Faye und Matt. Vielen Dank auch an Kieran Baine, meinen aktuellen Lehrer. Meine Verlegerin Kate Pollard, ihre begabte Assistentin Kajal Mistry und die Gestalterin Julia Murray haben eine entspannte Veröffentlichung ermöglicht. Am Schluss möchte ich meinen zwei Kindern Josh und Robbie danken: Sie haben mir alle Gründe gezeigt, warum Ausgeglichenheit die einzige Lösung ist.

Anhang

Weiterführende Literatur

A General Theory of Love, Thomas Lewis; Fari Amini und Richard Lannon, Vintage Books

Healing Without Freud or Prozac, David Servan-Schreiber, Rodale Macmillan

Heal Thyself, Jo Marchant, Canongate Books

In Praise of Slow, Carl Honoré, Orion Publishers

Meditation as Medicine, Dharma Singh Kalsa, Simon & Schuster

Mood Mapping, Liz Miller, Rodale Macmillan

Stages of Meditation, Dalai Lama, Rider

The Art of Thinking Clearly, Rolf Dobelli, Sceptre

Train Your Mind, Change Your Brain, Sharon Begley, Ballantine Books

Nützliche Websites

www.davidlynchfoundation.org.uk / www.mentalhealth.org / www.mindandlife.org / www.relax-uk.com / www.teenyoga.co.uk

Apps

Buddhify / Calm - Meditate, Sleep, Relax / GPS For The Soul / Headspace / Mental Workout / The Mindfulness App

Über die Autorin

Harriet Griffey ist Journalistin, Schriftstellerin und Autorin mehrerer Bücher zu Gesundheitsthemen. Neben *I Want to Be Calm* und *I Want to Sleep*, herausgegeben von Hardie Grant, hat sie auch *The Art of Concentration. How to Get Pregnant und Give Your Child a Better Start* (zusammen mit Professor Mike Howe) verfasst. Sie schreibt regelmäßig in der nationalen Presse über Gesundheits- und andere Themen. Ursprünglich ist sie ausgebildete Krankenschwester, außerdem anerkannter Coach bei Youth at Risk (www.youthatrisk.org.uk).

Harriet

Index

Harriet Griffey
Endlich ausgeglichen
Atmen. Loslassen. Leben.
ISBN 978-3-95910-122-6

Eden Books
Ein Verlag der Edel Germany GmbH

Projektkoordination der deutschen Ausgabe: Nina Schumacher
Übersetzung: Tara Christopeit
Satz der deutschen Ausgabe: Datagrafix GmbH, Berlin
Umschlagadaption: Kathrin Riechers
Druck und Bindung: optimal media GmbH, Glienholzweg 7, 17207 Röbel / Müritz

First published in 2015 by Hardie Grant Books
Hardie Grant Books
52–54 Southwark Street
London SE1 1UN
www.hardiegrant.co.uk
Titel der Originalausgabe: I want to be calm: How to de-stress

Um die kulturelle Vielfalt zu erhalten, gibt es in Deutschland und in Österreich die
gesetzliche Buchpreisbindung. Für Sie, liebe Leserin und lieber Leser, bedeutet das,
dass Ihr verlagsneues Buch jeweils überall dasselbe kostet, egal, ob Sie Ihre Bücher
gern im Internet, in einer großen Buchhandlung oder beim kleinen Buchhändler um
die Ecke kaufen.

Printed in Germany